A.M.

«libre»

S0-DQS-740

DR. FRANK FREED

EDITORIAL UNILIT

Sepa

Publicado por
Editorial Unilit
Miami, Fl. 33172
Derechos reservados

© 2006 Editorial Unilit (Spanish translation)
Primera edición 2006

© 1997 por Frank H. Freed
Introducción por Ruth Stafford Peale
© 2004 Peale Center for Christian Living, Pawling, NY
Originalmente publicado en inglés con el título:
Breaking Free por
Guideposts, 16 E. 34th Street,
New York, NY 10512
Todos los derechos reservados.

Traducción: Belmonte Traductores
Fotografías: Corbis
Diseño de la portada: Ximena Urra

A menos que se indique lo contrario, las citas bíblicas se tomaron de la Santa Biblia Nueva Versión Internacional. © 1999 por la Sociedad Bíblica Internacional.
Las citas bíblicas señaladas con RV-60 se tomaron de la Santa Biblia, Versión Reina Valera 1960. © 1960 por la Sociedad Bíblica en América Latina.
Las citas bíblicas señaladas con LBD se tomaron de la Santa Biblia, *La Biblia al Día*. © 1979 por la Sociedad Bíblica Internacional.
Usadas con permiso.

Producto 496805
ISBN 0-7899-1374-7
Impreso en Colombia
Printed in Colombia

Categoría: Vida cristiana/Vida práctica/Crecimiento personal
Category: Christian Living/Practical Life/Personal Growth

Contenido

Reconocimientos

Deseo reconocer la paciencia de mi querida esposa, Evelyn, que no me «dejó posponer» la escritura de este libro.

Mi mentor de redacción Robert C. Larson me enseñó cómo traducir la palabra hablada a la escrita. Bob ha sido un gran amigo al igual que un dotado maestro.

Cuando en una ocasión me pregunté si el libro podría terminarse según el plazo establecido, fluyó la motivación de mi editora, Joan Guest, que solo dijo: «¡Claro!». Gracias, Joan.

Atrapado...

Me siento atrapado en todas las elecciones
    Que desearía no haber hecho,
      Todavía atrapado en dolorosos sucesos del pasado
      Donde permanecí por demasiado tiempo.
Me siento atrapado en el temor de todas las cosas
    Que nunca llegaron a ser,
      Y atrapado en los sentimientos de ira
      Que permití que me embistieran con violencia.
Me siento atrapado en frenéticos emparejamientos
    Con secretos que me niego a contar,
      Aún atrapado con oscuros y tenebrosos pensamientos
      Que me llevan a desesperar.
Me siento atrapado, hasta ahora...
    Por todas las cosas que tengo encima de mí,
      Pero ahora creo que mi salida
      Es decir la verdad con amor.

$\mathcal{I}$ ntroducción a esta edición

$\mathcal{E}$ l doctor Frank Freed es una de las personas extraordinarias de nuestro tiempo. Su compasión por los que sufren y su sincero deseo de ayudarles a librarse de las dolorosas dificultades y que obtengan una significativa sanidad y liberación han sido, creo yo, los principales impulsos de su vida.

Frank Freed ha tenido una maravillosa carrera como respetado sicólogo al sur de California. Mediante experiencias de la vida, así como en la consulta privada de consejería, es capaz de hablarle al dolor que la vida puede traer a nuestro camino en un momento u otro.

Cuando mi esposo, Norman Vincent Peale, y yo llegamos por primera vez a la ciudad de Nueva York en 1932 durante la Gran Depresión, le inundaron peticiones de consejería pastoral, y vio y escuchó a todas las personas preocupadas e intranquilas que acudieron a verle. Los problemas humanos están siempre con nosotros, pero en ese momento los acentuaban el temor, la desesperación y la frustración causadas por la Depresión.

Norman no se sentía bien preparado para los problemas que se planteaban en esas sesiones, al tener solo una escasa formación en sicología. Se interesaba y escuchaba con paciencia, y después comenzó a sospechar que había problemas más profundos que a menudo yacían debajo de las suposiciones del paciente acerca de su problema. A la larga, decidiendo que necesitaba ayuda y una comprensión profesional, le guiaron a unirse a personas que daban consejería junto con un dotado siquiatra. Esto era rarísimo para su época y muchos eran escépticos, pero ha conducido al maravilloso don de muchos consejeros espirituales, incluyendo al doctor Frank Freed, que se preocupan y quieren ayudar a los que tienen necesidad.

En particular, el libro del Frank, *Libre*, analiza las elecciones, positivas y negativas, que cada persona puede tomar, ya sea para conquistar o para que le conquiste la vida. Las decisiones que tomamos cada día en las relaciones, en los negocios, en la escuela, en nuestras finanzas o en cualquier problema al que nos enfrentemos pueden enfocarse de tal manera que comprendamos a plenitud el poder de la decisión. «¿Me controlará el temor?» o «¿Decidiré pasar por el temor con fe?». Otra pregunta: «¿Me perseguirán las dolorosas experiencias de mi pasado?» o «¿Decidiré mejorar en lugar de amargarme?». En cuanto a esta pregunta, Frank mismo cuenta de modo muy sensible su propia pérdida durante la Segunda Guerra Mundial y su elección de ser «mejor» y no «amargado».

Amplié mi conocimiento y perspectiva con respecto a los problemas de la vida al leer *Libre*. Usted descubrirá las «ocho palabras que importan». Le animo, igual que hace el autor, a que acerque más a su vocabulario diario estas palabras que son positivas en verdad.

A medida que estudie *Libre*, quiero animarlo a buscar esas frases clave que provocan algo especial en sus pensamientos. Frank Freed las llama «frases de verdad», y sugiere escribir la fecha de ese día en el margen y susurrar una oración que diga: «Gracias, Señor».

Estoy agradecida que Frank Freed reuniera estos reveladores pensamientos para nuestro beneficio. Dios permita que le sea de bendición su escrito.

Ruth Stafford Peale
Presidenta emérita, Guideposts

Introducción

Cada día, millones de estadounidenses buscan el consejo de un pastor, sacerdote, rabino o presentador de un programa de radio o de televisión. ¿Qué buscan en realidad? ¿Qué respuestas no se han encontrado en sus vidas? ¿Y por qué siguen preguntando, e investigando, y arriesgándose en su búsqueda de respuestas que tengan sentido?

La respuesta está en el título del segundo libro de la Biblia: Éxodo, la historia de un pueblo que busca una vía de salida. Las personas que han acudido a mí para recibir consejo durante las pasadas décadas tienen un obstáculo primario en sus vidas: se sienten atrapadas y quieren con urgencia una vía de salida. Se sienten encajonadas, asfixiadas por la vida y sus desafíos. Sienten que ni pueden quedarse ni salir de relaciones y de situaciones que las destruyen de manera física, emocional y espiritual. Ven sus programas diarios de comedia, esperando encontrar un alivio temporal mientras engranan las luchas propias de su vida en la montaña rusa de emociones de su personaje favorito de la televisión. Sin embargo, es solo eso: temporal. Durante un fugaz momento, al menos, los telespectadores sienten que no están solos en su dolor. En una tierra de libertad, continúan escogiendo ataduras para sí mismos, esperando contra toda esperanza que lo que promete la televisión sea el elixir tan buscado para su dolor y su desesperación.

En el párrafo anterior aparece varias veces una palabra; esa palabra es *sentir*. No hace mucho tiempo sosteníamos la falsa idea de que teníamos poco control, o ninguno, sobre lo que sentíamos. Creíamos que era natural sentirnos de cierta manera, y por eso nos condicionamos a dejar que nuestros sentimientos dominantes gobernaran nuestras vidas.

Una nueva manera de pensar

Ahora conocemos el error. Hoy en día tenemos evidencia clínica innegable de que nosotros *creamos* nuestros sentimientos mediante la manera en que decidimos pensar. Antes de cada sentimiento existe un pensamiento que lo llama a existir. Si lo aceptamos como un hecho, se deriva, al igual que la noche sigue al día, que *la vía para salir de un sentimiento llega con el cambio de nuestras mentes y de nuestra manera de pensar.*

Desde el comienzo del tiempo, los hombres y las mujeres de toda cultura en un momento u otro han sentido que el césped era más verde al otro lado de la cerca. Sin duda alguna, habría mejores oportunidades económicas, mejores relaciones, mejor salud, mejores diversiones, mejor en todo... *si pudiera llegar allí, donde el césped es mucho más verde.* Por lo tanto, al igual que el hijo pródigo en el Nuevo Testamento, los que buscan una vida mejor optan por dejar todo atrás a fin de disfrutar del césped más verde que de seguro hará que sus vidas sean mejores y que sus más fervientes sueños se hagan realidad. Lo único que no tuvieron en cuenta fue que *se llevaron con ellos a sí mismos*: un hecho que, de por sí, podría cambiar el color del recién visitado césped. ¿El repentino despertar? Al fin y al cabo, el césped no era más verde. En cambio, enseguida aprendieron que solo era verde para los que decidieron regarlo, fertilizarlo y tratarlo con ternura y cariñoso interés.

*T*odo se trata de decisiones

La calidad de nuestras vidas siempre ha quedado determinada por las decisiones que tomamos usted y yo. No debe sorprendernos que las riquezas o la pobreza que definirán nuestras vidas en el futuro también dependerán de las decisiones que hagamos hoy. Y esas decisiones dependerán de nuestra manera de pensar. Los Proverbios nos dicen que una persona es según como piensa en su corazón. Un nuevo tipo de pensamiento puede sacarnos de las trampas de la vida a medida que realizamos el éxodo de los pensamientos defectuosos e ineficaces de nuestro pasado.

Max DePree, reconocida autoridad en capacidades de liderazgo, señala cómo opera el pensamiento cambiado. En *Leadership Jazz* escribe que muchas personas piensan que un ascenso en el trabajo indica que ya son competentes en ese nuevo campo. Sugiere un cambio de pensamiento a fin de reconocer que lo que quiere decir en realidad un ascenso es: «¡Vaya, tengo mucho que aprender!». DePree dice que nos metemos en una trampa cuando creemos por error que las cosas son del modo en que queremos que sean. Salimos de la trampa al afrontar nuestra realidad y pensar en la manera en que son en realidad las cosas.

Unas últimas palabras antes de comenzar. Cuando nos sentimos atrapados, a menudo se debe a que no hemos comprendido este elemento clave en nuestro proceso de pensamiento: Siempre es más fácil entrar en algo que salir de ello. Nunca he encontrado a nadie con un argumento satisfactorio en contra de este principio de la vida. Esto podría referirse a una relación, a una asociación de negocios, a un curso de estudios, a un trato económico o a cualquier otra cosa. Una esto en su mente con la verdad de que todos somos libres hasta el punto de elegir, después de lo cual la elección tiene el poder de controlar al que ha elegido.

El hecho mismo de que decidiera leer este libro indicaría su firme deseo de liberarse del sentimiento de estar atrapado. En los grupos de Alcohólicos Anónimos uno a menudo oye la frase: «Si no sabes el día en que tomaste tu último trago, es probable que no lo hayas hecho». Existe un valor en recordar *cuándo* algo cambió en nuestras vidas. Le sugiero que cuando una frase de verdad (a menudo destacada o dada como un curso de acción) golpee su corazón con el sonido de una llave que gira y de las chirriantes bisagras de una puerta que se abre, escriba al margen la fecha en que la leyó y las palabras: «Gracias, Señor».

1

Atrapado por el pensamiento confuso

QUÉ TRAMA TAN EXTRAÑA PUEDE URDIR
LA LANZADERA DE LA VIDA.

FRANCIS MARION

Cuando usted y yo nos sentimos atrapados, ya sea de manera física o mental, la primera reacción del cuerpo o la mente es el pánico, querer salir o apartarnos de lo que de repente se ha convertido en una situación intimidante. Es probable que su trampa sea un accidente de auto, una temible caminata por una calle oscura, una estancia indeseada en un hospital o una relación destructiva. Quizá sea una situación creada al decidir comer demasiado y no hacer ejercicio, o evitar desafíos mentales. Tal vez sea un trabajo sin porvenir, o una familia difícil, o unos ingresos que nunca son suficientes. Uno se siente atrapado. Inmovilizado. Aterrorizado.

Encender las luces en nuestras mentes, el primer paso para salir de nuestra trampa, significa encender una nueva manera de pensar sobre nosotros mismos, los demás y el mundo en que vivimos. Si seguimos pensando lo que siempre hemos pensado, seguiremos obteniendo lo que siempre hemos obtenido. Nuestra nueva elección es cambiar nuestra actitud, nuestro pensamiento, lo cual significa comenzar a ver las cosas de manera diferente y más emocionante.

David pensó de manera diferente

Sé que recuerda la historia del adolescente más insólito y su decisión de pelear con el gran gigante filisteo Goliat. Gran tarea. Espeluznante tarea. Sin embargo, el desafío incluso mayor de David fue combatir el pensamiento negativo y sin fe de su propio pueblo, batallones de quienes lo debían haber animado. En su lugar, resonando en los oídos de David estaban las palabras que debieron de haber sido algo así: «Oye, muchacho, no tienes ninguna oportunidad. ¿No ves lo grande que es este tipo? Es inmenso. Te va a golpear y a machacar. Es demasiado grande, ¡y tú eres demasiado pequeño!». ¿Cómo se sentiría si estuviera «atrapado» en una situación así? Se encuentra arriesgando su vida y lo único que oye es temor y frustración de los que deberían apoyarlo con lealtad. No puedo imaginarme que estuviera muy feliz.

David, en cambio, era un muchacho increíble. ¿Qué hizo? Optó por ver de una manera diferente esa precaria situación. No estaba intimidado ni se sintió solo por completo. Mientras tocaba una sola piedra lisa en su honda, calculaba la distancia entre él y la ancha frente de Goliat, que relucía al sol de Israel, quizá pensara: *Sí, es grande. Grande de verdad. En realidad, es tan grande que no hay manera en que pueda fallar.* El mismo gigante. La misma amenaza para Israel. Solo que un punto de vista diferente. Y todos conocemos el resultado de la manera diferente de pensar de David. Goliat se desplomó, y en un momento la victoria se le entregó a los temerosos corazones de los hijos de Israel.

Tenga cuidado con el statu quo

El modo de pensar convencional sugería que los miles de guerreros preparados serían la clave de la victoria de Israel sobre los filisteos. Después de todo, ¿no nos han dicho siempre que hay fuerza en los números? En este caso, lo que triunfó fue la fe en un Dios grande y la *actitud* de un muchacho. Mucho más para las estadísticas. Muy pocas veces los grandes números, o la visión estrecha de los fuertes y los poderosos, son la clave de la victoria. Lo determinante es nuestro modo de pensar. Estos son algunos ejemplos del modo de pensar de las personas en el pasado, no hace tanto tiempo, lo cual parecía sensato en su época:

Mientras que en teoría y en técnica la televisión quizá sea viable, en lo comercial y lo económico la considero una imposibilidad, un desarrollo en el que no necesitamos desperdiciar tiempo soñando.

> Lee De Forest, inventor estadounidense,
> «Padre de la radio», 1926

En lo que respecta a hundir un barco con una bomba, no se puede hacer.

> Contraalmirante Clark Woodard,
> Marina de los Estados Unidos, 1939

Sé realista, Louis. Las películas sobre la Guerra Civil nunca han dado un céntimo.

> Irving Thalberg, productor de MGM,
> aconsejando a su jefe Louis B. Mayer en
> contra de la compra de los derechos
> de la película *Lo que el viento se llevó*

En sus épocas, los consejos de De Forest, Woodard y Thalberg parecían tener sentido, pero la historia demostró su equivocación. Su total equivocación. Avancemos en la historia hasta llegar a su vida y a la mía. ¿Tenemos en nuestras mentes algunos de esos oscuros pensamientos? Si es así, el primer paso para salir de nuestras trampas y estrechez de miras debe ser también cambiar nuestro pensamiento y nuestra actitud con respecto a nuestras situaciones. Por tanto, allá vamos. Estamos atrapados y eso no nos gusta. Estamos cansados del agotamiento físico y emocional que nuestros problemas producen en nuestras vidas. También estamos lo bastante frustrados, molestos y desesperados como para echar un vistazo a alguna nueva dirección.

Tome medidas

Para comenzar a realizar el primer movimiento desde el «estoy atrapado» hasta el «soy libre para tomar otras decisiones» debemos entender y creer la verdad de una oración. La Biblia lo expresa de este modo: «Porque cual es su pensamiento en su corazón, tal es él» (Proverbios 23:7, RV-60). Nuestros actos siguen a nuestros pensamientos: de modo consciente o inconsciente. Si no nos gusta lo que produce nuestra vida, sería una buena idea comprobar y ver qué tipos de semillas plantamos. Por eso la Biblia habla tanto sobre la ley de la siembra y la cosecha. Si tiene pensamientos locos, cosechará resultados locos. Si vive con la idea que dice: *Pobre de mí, estoy atrapado para siempre*, ¿sabe qué pasará? *Estará atrapado para siempre*.

Al comprender que el *pensamiento* y la *actitud* son palabras clave para elegir una conducta diferente, un amigo mío enmarcó en su escritorio las siguientes palabras de Chuck Swindoll:

La mayor parte de cualquier problema es
la manera en que decido pensar al respecto.

Cuanto más tiempo vivo, más entiendo el impacto que causa la actitud en la vida. Para mí, la actitud es más importante que los hechos. Es más importante que el pasado, que la educación, que el dinero, que las circunstancias, que los fracasos, que los éxitos, que lo que piensan o hacen otras personas. Es más importante que las apariencias, que los dones o que las habilidades. Edificará o derribará una empresa, una iglesia, un hogar. Lo más notable es que cada día tengo que decidir en cuanto a la actitud que adoptaré para ese día. No puedo cambiar mi pasado [...] No puedo cambiar el hecho de que las personas se comporten de cierta manera. No puedo cambiar lo inevitable. Lo único que puedo hacer es tocar con la única cuerda que tengo, y esa cuerda es mi actitud. Estoy convencido de que la vida la constituye un diez por ciento de lo que me ocurre y un noventa por ciento por mi manera de reaccionar a eso.

Si pensamos que nuestros problemas son horribles e irresolubles por completo, serán así. Cuando pensamos que son resolubles y cultivables, serán así. Todo depende de cómo pensamos.

Modo pésimo de pensar

Permítame que le hable de Norma. Tenía sobrepeso y era infeliz en gran medida. Mientras estaba sentada en mi oficina lamentándose por su gordura cada vez mayor, dijo: «Doctor Freed, mi problema es que no puedo perder peso. Es así de puro y simple: no puedo hacerlo. Y cuando pierdo un poco, enseguida lo recupero. Siempre ocurre lo mismo. Siempre seré gorda». Así es cómo Norma definía siempre su problema. Sin embargo, ese *no* era el problema en lo absoluto. Solo *se convirtió* en su problema porque seguía diciéndose que era su problema. Es algo a lo que los oradores de motivación se referirían como *modo pésimo de pensar*.

Norma se decía a cada momento: *No puedo hacerlo. Soy incapaz de cambiar. Progreso un poco, pero luego vuelvo a caer. No hay esperanza. Siempre hago lo mismo.* Se había acostumbrado tanto a decir ese tipo de cosas que era como una segunda naturaleza. Entonces, cuando aprendió a decir: *Hasta ahora esto es lo que he hecho, pero en este momento he encontrado una nueva manera de hacer lo que quiero*, comenzó a hacer justo eso. He aquí un principio de la vida que le ayuda a poner el asunto en el centro del escenario: Solo mientras se siga diciendo que algo va a seguir siendo un problema, esto puede seguir siendo su problema.

Algunos de los estudios más interesantes de la mente humana realizados en los últimos años implican nuestra comprensión de la función de los hemisferios cerebrales derecho e izquierdo. Es ahí donde tomamos decisiones con respecto a lo que consideramos *verdad*. Un pensamiento llega a su mente y entra en su hemisferio cerebral *izquierdo* como un hecho; de modo muy similar a un libro que acaba de catalogarse en su biblioteca mental. Su biblioteca, a la que le encanta recibir material nuevo, acepta la nueva entrada como verdad sin cuestionarla ni negarla. Esos son sus datos básicos, muy parecido a cosas como: $E = mc^2$, ó $2+2 = 4$. Con todo, no se detiene ahí. Existe un punto en el que una verdad mayor cobra vida.

Algunas veces lo llamamos una experiencia *¡ajá!* Eso ocurre cuando la información, en otro tiempo propiedad exclusiva del hemisferio izquierdo, pasa al hemisferio derecho. En ese momento esos *hechos* se entrelazan con las emociones, el entendimiento y la experiencia humana, y se moldean y convierten en *hechos con significado*. A eso se refiere la Biblia como *creer con el corazón*. Significa que la verdad ha cobrado vida, y comenzamos a ver las cosas como son en realidad. De inmediato vienen a nuestros labios las palabras: «Ya veo», y disfrutamos de una experiencia *¡ajá!* que nunca se olvidará.

Si le recito una porción de Juan 3:16: «Porque tanto amó Dios al mundo, que dio a su Hijo unigénito», eso es historia e información. Hecho. Información del hemisferio cerebral izquierdo.

Aun así, la información pasa al hemisferio cerebral derecho cuando es capaz de decir: *Es casi increíble que Dios me ame y que haya venido a mi mundo, que me conozca por mi nombre, que yo sea especial para Él, y que Él me ame de manera incondicional.* Lo que una vez fuera una declaración verbal se convierte en una realidad vital en su vida. Su hemisferio cerebral derecho le infunde emoción y experiencia de la vida. A partir de ese momento, nada vuelve a ser igual.

De repente, las palabras pasan a la acción. Los hechos, una vez palabras estériles escritas sobre una desgastada página, ahora siguen adelante en fe a las páginas de su vida. Su hemisferio cerebral izquierdo lee el mapa, pero su hemisferio cerebral derecho hace el viaje: una aventura maravillosa y llena de emociones. Sin embargo, ahora se nos plantea un problema, porque también sabemos que el corazón puede ser engañoso. Nuestras elecciones en la vida quizá estén llenas de verdad y entendimiento o de mentiras y malentendidos. Cuando optamos por la mentira y el engaño, lo denominamos una negación de la verdad. Nuestro corazón, el hemisferio cerebral derecho, es un experto en jugar con nosotros.

El descubrimiento de lo que ya se sabe

Una de mis pacientes, a la que llamaré Sara, estaba sentada en mi oficina después de acabar de enterarse de que su esposo tenía una aventura amorosa. Conteniendo las lágrimas, me dijo:

—¿Por qué la esposa es siempre la última persona en enterarse?

—En realidad me sorprende que haga esa pregunta —fue mi respuesta—, porque en nuestra sesión anterior me contó algunas cosas significativas. Justo la semana pasada me dijo que su esposo estuvo en una reunión de la junta de la iglesia hasta las cuatro de la madrugada. Ahora bien, estoy seguro de que eso podría haber planteado algunas preguntas en su mente, las suficientes para al menos haberle dicho a una de las esposas de los demás miembros de la junta: "¡Vaya! ¡Sí que tuvo que ser una buena reunión la de anoche!". Es probable que hubiera escuchado la siguiente respuesta: "No lo sé. Mi esposo llegó a casa sobre las nueve y media de la noche". Y entonces se hubiera dado cuenta de que algo sucedía con su esposo. Solo me dio esa información, pensando que era importante que yo lo supiera, pero no dijo nada más al respecto. Ahora me sorprende que piense que fue la última persona en saber que su esposo tenía una aventura.

Hubo un par de minutos de silencio mientras Sara batallaba en lo profundo de su ser. Al final, dijo:

—Doctor Freed, esto quizá parezca una locura, pero *sí* lo sabía en realidad. Hace mucho que sé que mi esposo tenía una aventura amorosa.

El silencio hizo su propio trabajo. Por último, como resultado de esa quietud, dijo:

—También sé quién es la mujer. Es mi mejor amiga.

Con tranquilidad, Sara habló de ello con un extraño sentimiento de asombro, casi irreal. Me preguntó:

—¿Cómo pude haberlo sabido y a la vez no saberlo?

Ese es el tipo de pregunta que usted y yo nos hemos hecho cientos de veces o más acerca de cierto número de situaciones. Y este problema es el que abordamos en este capítulo. ¿Cómo, por qué y cuándo escogemos el *pensamiento* que escogemos? El esposo de Sara confiaba en que la hierba era más verde al otro lado. Lo que no sabía es que la hierba *nunca* es más verde al otro lado.

Tome medidas

El único lugar en el que la hierba es más verde es *donde nosotros escojamos regarla*. La hierba es más verde siempre que decidimos tomar el control sobre nuestros pensamientos. La hierba es más verde cuando somos sinceros con nuestros pensamientos. La hierba es más verde cuando mantenemos nuestras promesas y honramos nuestros compromisos. Entonces entendemos cuando la Biblia dice que el *corazón*, nuestro hemisferio cerebral derecho, se debe guardar con diligencia. Por eso usted y yo debemos cuidar bien nuestros corazones, porque de nuestros corazones manan los asuntos de la vida.

Hay una historia de un viajero que llegó a un cruce de caminos en las afueras de un pequeño pueblo. Preguntó a una de las personas del lugar qué tipo de ciudadanos vivía en ese pueblo.

—¿Qué tipo de personas vive en el pueblo del que procede? —preguntó el hombre.

—Personas malpensadas y en las que no se puede confiar de ninguna manera —dijo el viajero.

—Ah, y de seguro que ese es el tipo de personas que encontrará aquí —dijo el ciudadano.

Unos minutos después, otra viajera llegó al cruce de caminos. También le preguntó al ciudadano local qué tipo de personas vivía en ese pueblo.

—¿Qué tipo de personas espera encontrar? —preguntó el ciudadano.

—Pienso que hombres y mujeres amables y generosos que tengan corazones abiertos y que acojan a los extranjeros —respondió la mujer.

— Ah, y de seguro que ese es el tipo de personas que encontrará más allá de la colina —dijo el ciudadano.

Ahora «vemos» con más claridad la verdad que abordamos antes: La mayor parte de cualquier problema es la manera en que usted y yo decidimos pensar al respecto. Permítame ilustrarlo más aun con esta intrigante historia.

Dos puntos de vista, una familia

Dos muchachos se criaron en un hogar alcohólico en el que tanto el papá como la mamá estaban siempre bajo esa influencia.

Ahora como adultos, uno de ellos llegó a ser un exitoso hombre de negocios. Además, no era un bebedor. La vida de su hermano fue lo opuesto, con constantes desastres personales y económicos, y una adicción al alcohol. Entrevistaron a los dos hermanos por separado, y a los dos se le hizo esta pregunta: ¿A qué atribuye su estilo de vida? Su respuesta fue fascinante. Cada uno de los hombres respondió con las mismas palabras. «Bueno, con mi trasfondo, ¿qué esperaría usted?». La misma historia familiar y diferentes decisiones individuales. Uno de los dos escogió el papel de víctima: *¿Cómo no iba a beber?* El otro escogió el papel de conquistador: *¡Vaya!, ¿por qué, con ese trasfondo, desearía beber?*

Tome medidas

¿Qué tiene que ver esa historia con el modo en que usted y yo escogemos nuestros pensamientos? Los pensamientos que elijamos determinan si ejercemos nuestro *propio* control y capacidad o permitimos que otras personas, aun las que murieron hace mucho tiempo, lleven la voz cantante en nuestras vidas. Por tanto, ¿qué ocurre cuando decidimos *recuperar* nuestro poder y comenzamos a vivir desde el interior hacia fuera? Todo un nuevo mundo de amor y de libertad se abre ante nosotros, ¡y es entonces cuando comenzamos a vivir en realidad!

Cuando era un muchacho que crecía en un edificio en Washington, D.C., una pareja vivía a unas cuantas puertas después de la mía. Esa pareja no podía ni hablar ni oír. Aunque esa discapacidad creaba ciertos desafíos en sus vidas, no evitaba que tuvieran un empleo retribuido en la imprenta de los Estados Unidos. A decir verdad, sus vidas eran bastante normales, a excepción de una parte singular de su hogar. En lugar de un timbre, tenían un botón luminoso en la puerta. Era muy divertido correr hasta el portal de su casa en la noche, con muchachas observando, desde luego, y apretar ese botón. Todas las luces de la casa se encendían, y el esposo salía con un bate de béisbol. Mientras lo batía de un lado a otro buscando nuestras cabezas, furioso, molesto y listo para golpearnos, nosotros nos agachábamos, lo eludíamos y salíamos corriendo. Era muy divertido, y perverso en gran medida. Nosotros *actuábamos* y el hombre *reaccionaba*, y mientras continuara ese patrón de comportamiento, podíamos divertirnos hasta que caía la noche en Washington.

> Cualquier conducta que sea
> repetitiva recibe recompensa.

Una noche, recuerdo a una muchachita parada allí y quería impresionarla. Sabiendo que la pareja estaba en casa, apreté ese botón luminoso. Sin embargo, esa vez nadie salió a la puerta. No se batió el bate de béisbol, ni salió ningún hombre enojado. Volví a apretar el botón, preparado para salir corriendo, pero nadie apareció. Lo apreté un par de veces más y luego, frustrado, volví a apretarlo una última vez. Ninguna respuesta, y ya no más diversión. En un instante, ese hombre recuperó su poder y su control. Decidió pensar y actuar de modo diferente con respecto a su problema. Él ganó. Yo perdí.

Pensó: *Si no reacciono a esos muchachos, apuesto a que dejarán de apretar el botón.* Tenía razón. Quizá no fuera capaz de articularlo, pero practicaba en realidad nuestra verdad clave que dice: Cualquier conducta que sea repetitiva recibe recompensa. Nosotros, como muchachos traviesos, recibíamos la recompensa de que saliera a la puerta cuando apretábamos ese botón. Cuando dejó de hacerlo, nosotros dejamos de hacerlo. Nos había quitado nuestra recompensa.

¿*A quién puede uno cambiar?*

Hace poco una mujer vino a verme para recibir consejo. Antes de sentarse siquiera, ya estaba enumerando su lista de quejas.

—¿Sabe lo que me hace enojar? Mi ex marido siempre llega tarde cuando recoge a los niños.

—Bueno —le dije—, ¿y qué hace cuando llega tarde?

—Siempre me enojo mucho y pierdo los estribos con él —me respondió—. Y, sin embargo, la siguiente vez vuelve a llegar tarde. La cosa no cambia.

Le sugerí que en el centro de ese conflicto estaban los problemas del poder y del control, los cuales quizá contribuyeran de manera importante a que se produjera su divorcio. Él decidía llegar tarde, y ella optaba por permitirle que la molestara. Esto le daba el mismo poder y control que ejerció en el matrimonio. Esta era su recompensa: el sentimiento de control que obtenía al saber que la molestaba. Sin embargo, ahora ella estaba a punto de aprender que tenía otra elección, una que se basaba en esta sencilla idea: *La única persona a la que puedo cambiar es a mí misma.*

Por tanto, con un poco de enseñanza, escogió pasar de ser un reactor (bajo el control de él) a ser comunicativa (bajo su propio control). Decidió retirar la recompensa que él obtenía al enojarla. La siguiente ocasión en que llegó tarde, le señaló: «Vaya, me alegro de que llegaras tarde esta noche, porque me ayudó en verdad a terminar algunas cosas con los niños. He tenido más tiempo del que había tenido antes. Gracias». La próxima vez llegó a tiempo. ¿Qué sucedió? Ella cambió a la única persona que *podía* cambiar. Eso significó que él tuvo que cambiar también, porque trataba con una persona distinta. La única manera de «cambiar» los actos de otra persona es cambiarnos a nosotros mismos. Si optamos por no hacerlo, y en cambio seguimos presionando a la otra persona, esta se resistirá. Es la ley de la causa y el efecto.

Tome medidas

En este mismo instante tiene la libertad de decidir creer que la única persona a la que puede cambiar es a la que lee estas palabras. Todo esto tiene que ver con su actitud, la cual es su manera de ver las cosas. Usted está cambiando su vida cada vez que piensa: *Ah, ¡lo veo!* Este capítulo, y este libro, trata sobre cambiar su punto de vista sobre usted mismo y sobre los demás.

Comenzamos este libro con sabiduría tomada de Proverbios 23: Porque cual es su pensamiento en su corazón, tal es la misma. No fue diferente para los que leyeron los Proverbios cuando se escribieron de lo que es para nosotros en la actualidad: Si pensamos: *No puedo*, tendremos razón. Si pensamos: *Puedo*, también tendremos razón. Cualquiera que sea la manera en que decidamos pensar, nos convertiremos en eso mismo. Este es un ejemplo clásico de este modo de pensar.

La única persona a la que puedo
cambiar es a mí misma.

Un miembro de una iglesia local acudió a mí en busca de consejo profesional. ¿Su problema? Su esposa. En esa sesión y en la siguiente oí todo acerca de los problemas de ella. Poco tiempo antes de su tercera cita conmigo, mi secretaria me llamó para que respondiera al teléfono. Lo hice y oí la voz de una mujer. «Doctor Freed, he oído que un miembro de mi iglesia ha ido a verle. Yo canto en el coro de la iglesia. Él y yo nos hemos estado viendo en un motel dos veces a la semana durante el último año. Me temo que no le esté contando nada de esto».

Durante la sesión de ese día, el hombre continuó regañando a su esposa. En cierto momento, me incliné hacia él entrecerrando mis ojos. Se molestó y me preguntó lo que hacía. Lo volví a hacer, y para entonces él estaba ya furioso.

—Deje de hacer eso, me molesta —me dijo—. De todos modos, ¿qué hace?

—Estoy pensando —le dije.

—Bueno, ¿y en qué está pensando? —preguntó.

—Estoy pensando que usted no me está diciendo la verdad.

Se detuvo de forma brusca, fue hasta la puerta y estuvo a punto de salir de mi oficina como un huracán.

—Se supone que usted es un amable consejero cristiano, ¿y me habla de ese modo? Me voy —dijo.

—¿Y usted es un miembro de una iglesia local y se ha estado citando con una mujer del coro de su iglesia en un motel dos veces a la semana? —le pregunté.

Silencio. Al hombre lo enfrentaban con la verdad. Se sentó, y por primera vez pudimos mantener una conversación sincera. El hombre ahora tenía la oportunidad de escoger su manera de pensar. Hasta ese momento no era posible ninguna sanidad. Tenía que tocar la verdad, y la verdad tenía que tocarlo a él.

Pensamiento, recompensas y cambio

El rey David, en los tiempos bíblicos, tuvo una aventura amorosa con una vecina casada llamada Betsabé. Ella quedó embarazada. Su esposo, un soldado, luchaba en una guerra. David, que era el comandante en jefe, ordenó que lo situaran donde la lucha era más dura. Lo mataron, y David se casó con su viuda. Ahora bien, David cometió los pecados de adulterio y de asesinato. Lo encubrió todo y no se lo dijo a nadie. Meses después, un profeta de Dios llamado Natán le preguntó a David lo que pensaba que se le debía hacer a un hombre rico que le robara la única oveja a un hombre pobre y lo matara.

David alegó: «A ese hombre se le debe apedrear hasta la muerte».

Natán respondió: «¡Y tú eres ese hombre!».

Al enfrentarse a su pecado, David decidió cambiar su corazón mediante el amargo dolor y el arrepentimiento. Más tarde, hasta Dios llamó a David «un hombre conforme a mi corazón». Esto es lo que llamamos *gracia asombrosa*.

Ahora se le han presentado tres poderosas verdades sobre las que puede edificar su manera de pensar.

- La mayor parte de cualquier problema es la manera en que decido pensar al respecto.

- Cualquier conducta que sea repetitiva recibe recompensa.

- La única persona a la que puedo cambiar es a mí mismo.

Con estas verdades comienza a reconocer las malas decisiones que le han atrapado en la vida *hasta ahora*. Quizá aún no ha superado algunas de esas decisiones. Todavía hay tiempo, todavía hay esperanza y todavía hay un Dios que ama. ¿Cómo sucederá? Pues bien, confíe en que ya ha comenzado. Aun así, tenemos muchas cosas más que decir, y algunas de las respuestas le esperan en el siguiente capítulo. Siga leyendo con una mente abierta y un corazón siempre dispuesto.

¿*Y si no puede?*

Después de leer una primera versión del manuscrito de este libro, un buen amigo mío dijo:

Hay algo que me inquieta de la tesis principal de este libro, y sería una pena pasarlo por alto. Me da la impresión de que todavía existen personas que no pueden

hacer las cosas que describes. Por alguna razón: anorma-
lidades cerebrales, desequilibrios bioquímicos, todo está en
su contra. Algunas personas están más preparadas que
otras, en lo genético y lo biológico (al igual que de manera
circunstancial) para enfrentarse a la vida. Los menos
afortunados quizá manifiesten una depresión mediante
arrebatos de ira, una actitud pesimista, siempre viendo
el vaso medio vacío o pensando que no pueden. Cuando
se trata el problema médico, a menudo la perspectiva de
esa persona cambiará y de repente esa persona declarará:
«¡Puedo!».

Pienso en un cliente que ilustra a la perfección esta idea. Jorge
(no es su verdadero nombre) tenía unos veinticinco años cuando vino a verme para recibir psicoterapia. Mis notas sobre el
caso en las sesiones iniciales incluían montones de citas:

• «He sido un perdedor toda mi vida».

• «No puedo conseguir un empleo ni ir a la escuela porque
  cometeré errores y todo el mundo se reirá de mí».

• «Detesto estar con personas porque siempre me preguntan
  lo que hago. ¿Solo digo "nada"?»

• «No me gusta tener que vivir con mis padres y a ellos
  tampoco les gusta».

Mis notas también enumeraban varias conductas y sentimientos que Jorge informó:

• Las actividades favoritas ya no le producen gozo

• Se ha apartado de los amigos

• Se siente desesperanzado, indigno, culpable (debido a sus
  convicciones cristianas dice: «No debería sentirme de
  esta manera»)

- Mala concentración

- Indecisión

- Impulsivo, poca comprensión del valor de aplazar una cosa a fin de tener algo mejor después (gratificación retrasada)

- Algunos pensamientos de suicidio, pero sin plan de acción

Después de las sesiones iniciales, le ofrecí a Jorge mi evaluación. Le dije que pensaba que sufría de depresión clínica, sentimientos deprimidos causados en parte por una deficiencia química en el cerebro. También sospeché que tenía una forma adulta de trastorno por déficit de atención e hiperactividad (TDAH).

Los padres de Jorge, a los que invité a esa sesión, aportaron la información de que todos los maestros de Jorge, comenzando desde el preescolar, le llamaban hiperactivo. Su padre dijo: «Mis maestros dijeron lo mismo de mí. Solía tener todo tipo de problemas del mismo modo en que los tiene él». Esto hizo que me preguntara sobre la posibilidad de un vínculo genético.

Referí a Jorge a un psiquiatra para una evaluación más profunda y un tratamiento con medicamento antidepresivo. Jorge también se unió a un grupo para adultos con TDAH. Y él y yo continuamos reuniéndonos varias sesiones más.

En la actualidad Jorge asiste a clases nocturnas en la universidad y a una clase de Escuela Dominical que integra las verdades de la Biblia con las verdades de la psicología. Está aprendiendo sobre sí mismo, y ya no se considera un perdedor. Con el medicamento, Jorge fue capaz de utilizar varias de las perspectivas que aprendía en la psicoterapia, en las clases de la Escuela Dominical y en su grupo de TDAH. Dudo que pudiera haber hecho todo eso sin medicamento.

Jorge presentó un problema psicológico relacionado con la química cerebral, y aceptó el poder curativo de un medicamento psicotrópico. Dios guió a los médicos a descubrir los poderes curativos de ese medicamento, al igual que Dios ha estado presente en todos los descubrimientos de los métodos médicos de curación.

Al sugerir que nuestros pensamientos causan un enorme impacto en nuestra perspectiva de la vida, no paso por alto que existen obvios factores psicológicos en algunas perturbaciones emocionales. La forma de depresión de Jorge podría denominarse «endógena» porque provenía del interior de su cuerpo. Seis semanas después de combatir sus actitudes malas, atrapadas y negativas con el medicamento dado por Dios, vi a Jorge cantar con alegría en una reunión para hombres en nuestra iglesia.

Permítame poner todo esto bajo otra perspectiva. Creo que la mayor parte del tiempo somos responsables por completo de lo que sentimos en la elección de los pensamientos que escogemos. De ese modo, tomamos decisiones en al menos un cincuenta y un por ciento del tiempo. Sin embargo, en el otro cuarenta y nueve por ciento del tiempo, algunos otros factores pueden entrar en escena, tales como:

- Inestabilidad emocional debida a problemas en la glándula tiroides

- Cambios de humor que acompañan a la enfermedad denominada «maníaco-depresiva» o «bipolar», la cual tal vez se deba a un nivel insuficiente de litio en el cuerpo

- Depresión causada por factores hormonales, como el dar a luz

- Bajos niveles químicos en el cerebro, quizá por causas hereditarias, que por lo general ayudarían a uno a sentir esperanza

- Los efectos secundarios de ciertos tipos de medicamentos

- Las diferencias metabólicas que parecen estar asociadas con el TDAH

Una mujer, maravillada ante la mejoría de su esposo después que se tratara con litio su trastorno bipolar, dijo: «Doy muchas gracias a Dios por haberle dado a usted la sabiduría de que mi esposo se podría sanar por el litio creado por Dios». Cuando los problemas emocionales tienen una base médica, un cambio de pensamiento no es lo único que se necesita. Por lo general, los problemas médicos necesitan tratamiento médico. No dude en buscar tal tratamiento si las sugerencias realizadas en este libro le parecen del todo imposibles de poner en práctica.

2

Atrapado por mi persistente pasado

LA SABIDURÍA NUNCA DA PATADAS A LOS MUROS
DE HIERRO QUE NO PUEDE DERRIBAR.

OLIVE SCHREINER

Había un soldado que llevaba mi nombre y mi número de serie en la Segunda Guerra Mundial. Desde el terror de la batalla campal en el frente europeo, salió apenas vivo con una pierna retorcida hacia atrás y la mitad de un brazo sangrante. Cuando despertó en un hospital de campaña, su primer pensamiento fue que tuvo un mal sueño: una terrible pesadilla. Convencido de que, después de todo, no resultó herido, movió los dedos de su mano derecha. Entonces sintió un picor entre esos dedos y estiró su otra mano para rascarse. No había dedos. Esta presentación de su «brazo fantasma» fue a la vez abrumadora y devastadora. Tuvo que lamentar la pérdida de su brazo y adaptarse a ser zurdo.

Fue unos días después de esta abrumadora comprensión que una persona sabia llegó a mi corazón. Nunca olvidaré el impacto. Otro soldado me miró a los ojos, sonrió, y dijo: «Frank, la experiencia por la que acabas de pasar te hará una persona amargada o una persona mejor. La decisión está por entero en tus manos».

Mientras estaba tumbado en la camilla en ese hospital militar, uní esas palabras con el consejo de Dios de que Él «dispone todas las cosas para el bien». Fue entonces cuando pedí a la dirección divina que me ayudara a tomar la decisión apropiada. ¿Estaría amargado o mejor? ¿Estaría más despierto o más enojado? ¿Sería positivo o pesimista? Estoy agradecido a Dios porque Él me dio el valor para tomar la mejor decisión. Muchos de los heridos que me rodeaban no hicieron esa elección positiva, y yo no estoy en posición de hablar de sus razones para hacerlo. Con todo, aún puedo ver sus caras con los ojos de mi mente muchas décadas más tarde... muchos de mis compañeros heridos que decidieron quedarse atrapados en la *amargura*.

¿Amargado o mejor?

No es un secreto que la suma de nuestras decisiones determina la calidad de nuestra vida. Cuando nos sentimos atrapados, en la mayoría de los casos, se debe a que tomamos decisiones que se han convertido en situaciones que nos causan tristeza o incomodidad. Sin embargo, la mayoría de las personas no comprende esto. A menudo continúan siendo infelices a causa de su aprieto, pero rara vez intentan comprender cómo llegaron a quedar atrapados en un principio. Ahora sabemos que la manera más eficaz de salir de la trampa es volviendo a visitar esas decisiones que tomamos en un principio, revivirlas en poco tiempo y luego liberarlas (despedirlas) de la memoria. *Poco tiempo* y *liberar* son aquí las palabras clave. La única razón para volver al pasado es obtener perspectiva sobre nuestro presente, y después de eso debemos seguir adelante. Si no estamos dispuestos a pasar por este proceso, a menudo difícil, seguirá siendo cierto el viejo dicho: *Aquello a lo que nos resistamos persistirá.*

Una amable segunda lectura de nuestra historia personal es importante. Es nuestra huella, nuestro ADN emocional, y cada parte es tan importante como los informes del médico lo son para entender el estado de nuestra salud física. El pasado siempre proporciona pistas sobre el presente, y solo cuando sepamos cómo llegamos al lugar en que estamos, lograremos comenzar a entender quiénes somos y hacia dónde nos dirigimos.

Cualquiera que sea su dolor, temor,
herida o tristeza, puede hacer
la decisión de amargarse o ser mejor.

Tal vez no eligiera las circunstancias en su vida, pero sí puede hacerlo en la dirección de su vida. Tal vez pensara que es imposible tomar esa decisión, o es posible que esperara que otra persona apareciera en el momento oportuno y tomara la decisión por usted. Quizá eso sea lo que pensara... *hasta ahora*. Ahora sabe que es suya la decisión de usar su pasado, a pesar de lo difícil que tal vez fuera, o bien como un maestro o bien como una excusa. Me pregunto qué será para usted. Muchas personas a las que veo día tras día continúan permitiendo que las experiencias desagradables de su pasado influyan sobre sus pensamientos en el presente, lo cual es una fórmula perfecta para seguir atrapado y un modelo eficaz para permanecer infeliz e insatisfecho.

Es difícil eliminar los pensamientos negativos e improductivos, pero hay una gran diferencia entre *tener* un pensamiento y *alimentar* un pensamiento. Uno es natural; el otro es deliberado. En eso yace una importante diferencia.

En casos de trastorno de estrés postraumático, pueden seguir apareciendo escenas retrospectivas en las grandes pantallas de nuestras mentes. Eso me ha sucedido de vez en cuando durante más de cincuenta años, cuando mis experiencias en el campo de batalla lanzan sus imágenes a todo color sobre las paredes de mi mente. Tal vez los ataques de pánico parezcan significar una horrible muerte cuando los desencadenan alguna experiencia «cercana» en el presente. Como ya vimos, eso está a solo un pequeño paso de que permitamos que el pasado regule nuestro presente. La buena noticia que quiero darle en estas páginas es la siguiente: Ya no necesita vivir fuera de control, atrapado por un pasado distante e inexistente.

Sea amable consigo mismo

¿Qué sucede cuando modificamos nuestras actitudes acerca del pasado siendo menos duros con nosotros mismos y en sí más realistas con la verdad? La primera cosa, y la más sincera, que debemos estar preparados para admitir es que *nosotros no podemos cambiar nuestro pasado*. Lo hecho, hecho está. La salud y la sanidad emocional se producen cuando dejamos a un lado los «si al menos...» y los «sí, pero...» de lamento, remordimiento y recriminación. No tenemos que amar nuestro pasado y ni siquiera tiene por qué gustarnos, pero es bueno para la salud mental que lo aceptemos. En ese momento de aceptación es cuando nos liberaremos para comportarnos de modo diferente en el aquí y ahora, y no volver a decidir que nos controle el entonces y el cuando.

Por un instante quiero que entre en el interior del control remoto de su televisor: un ejemplo ya hecho acerca de lo que hablamos. Tome el control remoto que utiliza en la noche para librarse de los anuncios publicitarios y pasar de un canal a otro, de un programa a otro, de noticias a música, de comedia a documental.

Controle a distancia su pasado

Ahora comience a imaginar el control remoto de su televisor como si fuera el control remoto de sus pensamientos. Piense en algo inquietante, desconcertante, triste, estridente u hostil y *elimí-nelo*. Presto. Ya no está. De repente cambió de canal, sustituyendo por una imagen diferente esa imagen o secuencia de hechos o de viejo casete interno. ¿Qué ve? ¿Acaso no ha creado un nuevo conjunto de circunstancias para usted mismo? ¿Y no lo hizo con rapidez? ¿En un abrir y cerrar de ojos? Y si aún no le gusta lo que está en la pantalla de su mente, siga cambiando de canales.

Tome medidas

Ya que no hay tal cosa como un control remoto mental de verdad, hago que muchos de mis pacientes lleven borradores en sus muñecas para ayudarlos a «cambiar de canal». A medida que supervisan de manera consciente sus pensamientos, tarde o temprano un pensamiento del pasado no deseado o no solicitado invade sus mentes, y lo *eliminan* con el borrador. No con la fuerza suficiente para causar dolor, pero sí con la fuerza suficiente para captar su atención. ¿Qué les dice esa experiencia? Que con ese recordatorio que supone el borrador, *pueden* cambiar sus pensamientos solo al *ser conscientes* de lo que piensan. Esto desencadena el pensamiento: *Quítalo*. ¿Y sabe qué sucede? Que ese pensamiento se va. Siempre. Después de todo, ¡nadie quiere sentir el interminable e irritante movimiento de un borrador!

Un joven, lo llamaré Juan, estuvo implicado en un accidente de tránsito en cadena en el que hubo muchos autos que chocaron cuando circulaban a gran velocidad en una abarrotada autopista de Los Ángeles. Al auto del joven lo golpearon por los cuatro costados, y él no podía salir. De inmediato, el auto que estaba a su lado se vio envuelto en llamas. Mientras que con impotencia esperaba y oraba a fin de recibir ayuda, Juan vio y oyó a un hombre en medio del fuego en el otro auto, que moría abrasado. Poco tiempo después, en mi oficina, Juan me dijo: «Nunca podré sacar de mi mente esa escena. Fue terrible. Aún me sigo sintiendo culpable por ello, a pesar de que no podía salir de mi auto para ayudarlo». Después de varias sesiones de conversación repetida, Juan comenzó a aprender un nuevo modo de pensar sobre lo visto, y enseguida comenzó a llevar un borrador para ayudarlo a pasar cada día aun cuando le estimulaba demasiado ese terrible evento. Después de eliminar con el borrador más de cuarenta veces el primer día, poco a poco fue tratando su reacción ante el accidente, hasta que al final se liberó a los veintinueve días. Cuando le pregunté si el hecho le seguía molestando, me respondió: «En absoluto. De vez en cuando solo utilizo mi "control remoto mental" y sigo adelante».

¡Hay una vía de salida!

De esta historia descubrimos que hay al menos otra cosa importante para ayudarnos a hallar liberación de cualquiera que sea la condición en que estemos atrapados. Antes de acudir a verme, Juan me dijo por teléfono que lo había intentado todo para decirse que no debía *pensar* en el accidente. Con todo, siempre que hacía eso, las cosas empeoraban aun más. Sentía pánico, se deprimía, se sentía más culpable y tenía un día muy malo. Lo que mi joven amigo no sabía era que no es posible enterrar un sentimiento, pues este no se limitará a morir. A decir verdad, es posible que se avive más que nunca. Ahí está, enterrado en lo profundo de la tierra, al parecer sin causar ningún daño, y al mismo tiempo gira una y otra vez en su sepulcro vacío hasta que ese sentimiento aflora por fin a la superficie, diciendo: «¡Regresé!». En realidad, nunca se fue. Le expliqué a Juan que cuanto más se lucha con un sentimiento, más fuerte se hace este. A los sentimientos les encanta la resistencia. Cuanto más se les empuja, más empujan ellos, dando crédito a la verdad de que los *debería* y *no debería* de la vida no solo demuestran ser inútiles, sino que también está garantizado que son contraproducentes.

Tome medidas

Hablamos sobre liberar el pasado de nuestras mentes y, como consecuencia, de nuestros pensamientos. La clave para salir de su trampa y atravesar el dolor del pasado es meterse en el verbo activo *suplantar*. El diccionario define esta palabra como: «quitar algo poniendo otra cosa en su lugar». ¿Cómo se logra? La acción que se requiere por su parte es dar poder a lo nuevo, lo que sabe que es verdad en el presente, y forzar a salir lo viejo con su dolor y su desesperación. Dicho de otra manera: ver un cambio extraordinario para bien en su futuro significa que debe ir mucho más allá del lugar hasta el que ha llegado antes. Al igual que Cristóbal Colón, que cambió el Viejo Mundo por el Nuevo Mundo, a usted también se le exigirá que se arriesgue a aceptar la nueva realidad del presente y permita que suplante su pasado. No puede vivir en un pasado estático *y a la vez* disfrutar del presente dinámico. Ambas cosas no pueden coexistir. Colón no habría descubierto el Nuevo Mundo si nunca se hubiera arriesgado (a caer por el borde del mundo plano) y hubiera emprendido viaje en alta mar a las nuevas tierras. La buena noticia es que usted también puede convertirse en su propio pionero a medida que haga descubrimientos aun más importantes en *su* nuevo mundo. (Después hablaremos más de Colón).

El factor perdón

¿Cómo ponemos en acción esta búsqueda de su propio «Nuevo Mundo»? Después de décadas de ser consejero, he llegado a la conclusión de que el modo más eficaz de sanar las heridas, la ira, los temores y los daños del pasado es aprender a perdonar. El destacado teólogo y escritor, el doctor Lewis Smedes, habla de una señora que un día recibió una llamada telefónica del ex marido que la había abandonado unos años antes para casarse con su secretaria. El ex marido le dijo que había hallado una nueva fe en Dios y le dijo: «Me gustaría que me perdonaras».

Con un corazón lleno de amargura, esta mujer le dijo al doctor Smedes: «Y le respondí: "Me gustaría pedirte que te vayas directo al diablo"».

Uno diría que no es una respuesta poco común. Quizá hasta la respuesta *adecuada*, dadas las circunstancias. ¿Quién está herido aquí? ¿Y por quién? Es obvio que la ex esposa alimentaba su amargura para su propia destrucción. Entonces, ¿merecía el hombre el perdón? Después de todo, él es el que se fue. ¿Merecía la mujer lo que le hizo, con todas esas largas noches de furioso odio y dolorosos días en que deseó que su cónyuge infiel desapareciera de la faz de la tierra? ¿*Merecían* cualquiera de ellos liberación de los malos y dolorosos recuerdos de una relación que ya no existía? No, pero de seguro necesitaban esa liberación. ¿Podría cualquiera, debería cualquiera, intentar persuadir a la esposa agraviada para que cambiase su actitud? Sí. Sin embargo, no por causa de él, por causa *de ella*. Estoy seguro de que a ella le gustaría detener el dolor si hubiera tan solo una persona que le mostrara cómo hacerlo. Perdonarle por su bien sería suplantar los viejos y amargos pensamientos sustituyéndolos por los mejores pensamientos de seguir adelante con su vida.

El fracaso no es una persona

Esto nos conduce a ser conscientes de que si queremos que nuestras vidas sean prósperas y satisfactorias, también debemos aprender a perdonarnos a nosotros mismos. Muchas veces usted y yo nos quedamos sin necesidad en nuestros fracasos del pasado: lo que podríamos haber hecho mejor, cómo podríamos haber sido más pacientes, más amorosos, más comprensivos, y cómo deberíamos haber sujetado nuestra lengua. Los pensamientos con falta de valor moral quizá causaran actos indignos, y nosotros hemos permitido que esos hechos del pasado abrumen nuestros recuerdos y nos cataloguen como fracasados. *Hasta ahora.* En este momento podemos introducir una fresca y nueva comprensión a lo que nos haya estado atrapando por tanto tiempo. Estamos aprendiendo que el «fracaso» en el pasado fue un hecho y no una persona. ¿Recuerda cómo en la niñez pasábamos horas en la calle centrando el calor del sol a través de una lupa en una hoja seca hasta que esta ardía y se consumía? De igual manera, en este momento, usted y yo podemos tomar cada hoja de un doloroso y abrumador recuerdo, acercarla a la lupa de nuestro nuevo modo de pensar, y decir: *Señor, perdóname y límpiame. Quema mi deseo de centrarme en los hechos del pasado que me impiden ser la persona que tú diseñaste. No es tu voluntad que yo permanezca atrapado en mi pasado. Quema los restos de mi pasado y, en tu divina providencia, elimina las cenizas.*

3

Atrapado por el temor que me sabotea

TODO LO PUEDO EN CRISTO QUE ME FORTALECE.

FILIPENSES 4:13

Uno de los aspectos más extraños del corazón humano es su capacidad tanto para construir sus mayores sueños como para destruirlos. La mayoría de nosotros nos hemos afligido por la muerte de un sueño. El corazón de uno, al calcularse a sí mismo de manera negativa, es un maestro a la hora de «arrebatar la derrota de las garras del éxito», tal como lo expresa el cliché roto. Llega a nuestros labios la asombrosa pregunta: «¿Cómo pude haber hecho eso? ¡Ya lo sabía! Parece que he saboteado todo lo que quería de verdad». Y a este tipo de pensamiento, respondo como terapeuta: «Puede seguir el rastro de todo esto hasta el temor en su corazón que anula el amor».

Una manera de definir las emociones humanas en el plano de las relaciones es esta:

- El amor va hacia una persona, lugar o cosa
- El temor se aleja de una persona, lugar o cosa
- La ira va en contra de una persona, lugar o cosa

Con esta definición en mente, quizá logremos comprender mejor la guerra civil entre el amor y el temor que se libra en el corazón humano. Cuando seguimos dando un paso hacia delante (al amor) y luego un paso hacia atrás (al temor), nos quedamos inmovilizados y no avanzamos hacia ninguna parte. Esto conduce a sentimientos de frustración, los cuales muchas veces son la base de la ira. Y la ira muchas veces hace que vayamos contra nosotros mismos.

Temor al enemigo de la luz

La Biblia va directa al grano en 1 Juan 4:18 cuando nos recuerda que «el amor perfecto echa fuera el temor. El que teme espera el castigo, así que no ha sido perfeccionado en el amor». Al igual que la profunda y siniestra oscuridad es una enemiga de la luz, así el temor oscurece el amor, dando como resultado una medianoche del alma que se acerca a lo que conocemos como depresión.

Es interesante que la primera vez que la palabra *esconderse* aparece en la Biblia es cuando Dios le habla a Adán diciendo: «¿Dónde estás?».

La respuesta de Adán es: «Tuve miedo y me escondí». ¡Qué sinceridad psicológica involuntaria la de la primera persona del mundo! Y a medida que esa patología se traspasa a futuros luchadores, seguimos viendo el temor, sobre todo en relaciones inseguras en las que dos personas se esconden la una de la otra. En ese ambiente de ansiedad con sus máscaras, fingimientos y disfraces, los individuos no *se relacionan* en absoluto. Quizá le llamen una relación, pero solo reaccionan entre sí. En tal «relación» nadie dice: «Te amo por todas las cosas buenas que hay en mí y que tú sacas». Esconderse nunca saca lo mejor que hay dentro de nosotros. Solo nos enseña el trágico arte de la negación, lo cual significa no ver las cosas como son en realidad.

No puede haber relaciones sanas y productivas cuando el único fundamento es el temor. En la historia bíblica de la creación, Adán y Eva no solo se escondían de Dios, sino también el uno del otro, y se culpaban el uno al otro. La primera pareja de nuestro mundo nunca aprendió la verdad de que mientras se eche la culpa a alguien, uno no puede arreglar el problema que tiene en sí mismo. El temor y la culpa van mano a mano. Mientras que la Biblia dice que el amor perfecto echa fuera el temor, los que descendemos de Adán y Eva vivimos con la creencia de que la negación perfecta nos salvará de la culpa. ¿Por qué seguimos tratando de engañarnos? La negación no es lo que triunfa; es la lealtad del amor hacia uno mismo la que enfrenta la verdad y aprende a manejarla de manera productiva.

Mientras se eche la culpa a alguien,
uno no puede arreglar el problema en uno.

Ahora podemos entender por qué la sabiduría bíblica nos insta a: «Por sobre todo, guarda tus sentimientos, porque ellos influyen en la totalidad de tu vida» (Proverbios 4:23, LBD). Cuando guardamos nuestros corazones, protegemos los objetos valiosos: nuestras valiosas mentes, emociones y creencias, nuestras valiosas relaciones con Dios y con los demás. Así que debemos ser cuidadosos en lo que fijamos nuestro corazón: si es en el temor, lo obtendremos; si es en el amor, también lo obtendremos. El hecho es que si hacemos la mala decisión de fijar nuestros corazones en el temor y también en el amor, terminaremos atrapados. Por eso cuando Dios le preguntó a Salomón lo que más necesitaba, este respondió: «un corazón sabio».

Atrapado por un temeroso pasado

Cuando le pedimos al temor que entre en nuestros corazones, creamos mentes llenas de frustración, ansiedad y dolor. Como consecuencia, nos enojamos y la emprendemos contra alguien. Al principio, ese «alguien» es uno mismo.

Ahora bien, debemos preguntarnos: ¿cómo entra el temor en nuestro flujo sanguíneo? Eso ocurre cuando, como vimos antes, el lenguaje del temor entra en nuestros pensamientos diciendo: «Sí, me gustaría, pero...». En una frase tan sencilla hay en un principio una intención expresada que parece que alguien avanza hacia algo cuando dice: «Sí, me gustaría». Entonces, al igual que cuando se baja el volumen o se pulsa la tecla de borrado en un teclado de computadora, sigue la palabra *pero*. Un paso hacia delante, un paso hacia atrás. Esto es lo que queremos decir con estar atrapado en el *statu quo*, una frase latina que significa: «estado de cosas en un determinado momento». Todo se detiene en seco con solo cuatro palabras: «Sí, me gustaría, pero...».

Tome medidas

Piense por un momento en la universidad a la que podría haber asistido, en la persona con la que podría haberse casado, en la carrera que podría haber seguido o en la inversión que podría haber hecho. No lo hizo a causa de esa terrible y pequeña frase. Piense en cómo esas cuatro palabras han ayudado a edificar la persona en la que se encerró de forma voluntaria. ¿Sería posible que la clave para salir se encontrara en eliminar esas palabras de su vocabulario y su mente? Eso puede hacerse volviendo a formular sus pensamientos para que digan: *Hasta ahora, me he sentido atrapado.* Tarde o temprano, puede alcanzar ese punto.

Sin embargo, quizá piense: *Pero mis padres discutieron y se separaron, y ya no tuve un papá que me quisiera, que jugara conmigo y que me hiciera sentir bien conmigo mismo. Me temo que si amo a alguien hoy, como amé a mi papá, me abandonarán de nuevo. Sí, me gustaría cambiar de verdad, pero...*

Tome medidas

Comprendo su temor, y quiero ayudar con algunas sugerencias positivas. Deténgase, piense un rato, y luego escriba por unos minutos sobre algunas de esas experiencias dolorosas en su vida. Quizá cuando era pequeño le prometieran cosas que nunca cumplieron las personas importantes de su vida. Se hizo ilusiones con alguna promesa que le hicieron solo para ver después sus sueños hechos añicos. Es de lamentar que eso sucediera una y otra vez, hasta que en realidad desarrolló el hábito de esperar lo peor. Debido a esas experiencias desdichadas, quizá se enseñara a no contar con que sucedieran cosas buenas en su vida. Hasta el día de hoy puede que siga teniendo pensamientos negativos y temerosos sobre el éxito, su salud o su bienestar en general. Hasta podría destruir algo bueno a fin de que otra persona no le desilusione. Sigue disponiéndose para el fracaso cuando un Dios amoroso le creó para el éxito.

Otra manera de entender el estar atrapados por nuestros temores y nuestras emociones incontrolables es pensar en un período concreto de la historia de nuestro mundo. Finja que es un ciudadano del siglo quince. Usted y todas las demás personas que viven en su mundo son lo que llamaríamos gente «de tierra plana». Los cartógrafos confeccionaron de una forma brillante un mapa de los contornos de Europa. Se estudiaron las costas y se inscribieron en los mapas «con exactitud». Le dijeron que el mundo es plano. Es más, al mirar más de cerca, puede ver algo escrito en los bordes de esos mapas. Son las palabras: «Más allá de aquí están los dragones». Qué interesante. Dragones. Peligro. Temor a lo desconocido. Un llamado a ser cuidadoso y cauto. Los mapas le dieron la buena advertencia de no navegar demasiado lejos ni adentrarse en aguas inexploradas, pues de lo contrario encontraría problemas de los que no podría escapar. Entonces sucede algo.

«En 1492, Colón navegó por el océano azul». Su viaje al Nuevo Mundo fue *la simple fe que hizo nuevos mapas.* ¿Dragones? Colón no lo creyó así. Los dragones eran productos de la creativa imaginación de alguien.

Estaba lleno de temor... ¡hasta ahora!

¿Acaso no puede oír la conversación que Colón sostuvo con la gente del mundo plano? Quizá le dijeran: «Cristóbal, de todos modos, ¿qué crees que estás haciendo? ¿Qué ocurrirá cuando te caigas por el borde?».

A esto de seguro el gran descubridor tal vez respondiera: «Solía preocuparme por eso... hasta ahora». Colón acababa de escribir las primeras páginas de este libro. Sabía lo que usted está aprendiendo ahora: el temor significa sobrestimar sus riesgos y empequeñecer sus recursos.

Cuando la Roma imperial era la poderosa superpotencia en el planeta tierra, sus líderes se jactaban de que si no había camino, ¡ellos harían un camino! Robert Schuller toma este pensamiento en un contexto cristiano al decirle a la gente que diga: «Cuando me enfrente a una montaña, no me rendiré. Seguiré esforzándome hasta que la escale, encuentre un pasaje para atravesarla, o solo me quedaré y convertiré la montaña en una mina de oro, con la ayuda de Dios».

La buena noticia es que usted ya no está solo en su proceso de la toma de decisiones, aunque a veces le parezca que no puede tomarse ninguna buena decisión. Le prometo que su amoroso Padre celestial puede proporcionarle, y le proporcionará, una dirección clara. Esta es una corta y hermosa historia que ilustra lo que quiero decir, contada por Edward de Bono en su libro *New Think.*

Hace muchos años, cuando a una persona que debía dinero podían meterla en la cárcel, un comerciante en Londres tuvo la mala fortuna de deber una gran suma de dinero a un prestamista. Al prestamista, que era viejo y feo, se le antojó la hermosa y joven hija del comerciante, y le propuso un trato. Le dijo que cancelaría la deuda del comerciante si a cambio podía tener a la muchacha. Tanto el comerciante como su hija quedaron horrorizados ante la propuesta. Por lo tanto, el astuto prestamista propuso que permitieran que la Providencia decidiese el asunto. Les dijo que metería un guijarro negro en un monedero vacío y que luego la muchacha tendría que tomar uno de los guijarros. Si escogía el guijarro negro, se convertiría en su esposa y se cancelaría la deuda de su papá. Si escogía el guijarro blanco, se quedaría con su papá y la deuda, aun así, se cancelaría también. No obstante, si se negaba a tomar uno de los guijarros, echarían a su padre en la cárcel y ella se moriría de hambre.

A regañadientes, el comerciante aceptó. Mientras hablaban, estaban al lado de un camino de guijarros que había en el jardín del comerciante, y el prestamista se detuvo para agarrar los dos guijarros. Mientras los tomaba, la muchacha, con la vista aguzada por el temor, observó que tomaba dos guijarros negros y los metía en el monedero. Entonces le pidió a la muchacha que tomara el guijarro que decidiría su destino y el destino de su padre [...]

[Entonces la muchacha] metió su mano en el monedero y sacó uno de los guijarros. Sin siquiera mirarlo, con torpeza lo dejó caer al camino, donde de inmediato se perdió entre todos los demás guijarros.

«Ah, qué torpe soy», dijo, «pero no importa, si mira dentro del monedero sabrá cuál fue el guijarro que tomé por el color que tiene el que queda».

Compañeros en el dolor

¿Qué sucedió en esta corta historia que pueda relacionar con su vida? Al igual que la muchacha, ha conocido el desesperanzado sentimiento de estar atascado en una situación en la que parecía no haber ni camino de salida ni camino de entrada. Ha habido momentos en que se sintió atrapado en situaciones en las que sintió que no podía ganar. Conozco sus temores, porque yo también los he experimentado. Eso nos convierte en compañeros en el dolor. Permítame ser muy personal ahora. Cuando comencé mis estudios de psicología, sentí una profunda necesidad de relacionar mi nuevo conocimiento con mis anteriores estudios de teología. En ese tiempo también estaba atrapado en mi vida. No era capaz de ver carteles de salida. No había posibilidades de escape. Sin embargo, me sentí intrigado con el segundo libro de la Biblia: el libro de Éxodo, palabra que en hebreo significa «una salida». Mi primera pregunta fue: ¿De dónde salir?

El libro de Éxodo es la historia de una nación de millones de personas que eran esclavos de otra nación. De inmediato me identifiqué con la palabra *esclavo* porque me había hecho adicto a un falso dios que destruía mi vida. Esto llenó mi vida de toda la desgracia de un esclavo. Mi libertad y mis seres queridos se eliminaron de mi vida, y con mi adicción había un deseo cada vez mayor de un placer que era cada vez menor. Me hundía en arenas movedizas espirituales y emocionales. Cuanto más luchaba por salir, más rápido me hundía. Tenía una necesidad desesperada de encontrar mi camino de salida, y descubrí esa salida en la Palabra de Dios.

Comencé a leer en el libro de Éxodo cómo la nación de Egipto convirtió en esclava a la nación de Israel. Sin embargo, mientras eran esclavos disfrutaban de una enorme ventaja nada común para la mayoría de los esclavos: Dios estaba de su lado, y Él exigió su liberación. Después de una dolorosa lucha, los esclavos salieron al fin de la tierra de esclavitud y emprendieron viaje a un lugar que Dios llamó «la Tierra Prometida». Fueron directos a esa tierra y vivieron felices para siempre, ¿verdad? ¡No! Al parecer, Dios los guió a una trampa.

La nación de Israel se enfrentó a una gran masa de agua llamada el Mar Rojo. Con el ejército egipcio persiguiéndolos, la situación no parecía esperanzadora para los israelitas.

Mientras leía Éxodo, atravesaba mi propio período de esclavitud, y las palabras de la historia penetraron en mi corazón. Leía sobre mi propia vida. Hubo un tiempo en que creía en la libertad de Dios, pero ahí estaba otra vez como esclavo. Aún no había comprendido que Dios podría tener un propósito con todo eso. Solo me parecía que una vez más Él me había desilusionado. Entonces, después de una mayor reflexión, fue obvio que era yo el que le había desilusionado a *Él.* Me vi obligado, al igual que los israelitas, a descubrir el significado de «Dios no está en ninguna parte». Al final, vi un conjunto de palabras diferente: Dios está ahora aquí. Fue toda una revelación. Por primera vez supe que estaba en el camino de salida, sin que me atraparan mis pensamientos negativos.

Así que Dios, según la historia bíblica, abrió un camino de tierra seca en medio del agua; estoy seguro que después de unas cuantas noches temibles y sin dormir para los hijos de Israel. Luego cruzaron las aguas hasta el otro lado. Parados sobre las lejanas laderas, vieron a todo el ejército egipcio atravesar el mismo pasaje. Entonces, las aguas se juntaron y eliminaron a todo el ejército de Egipto. Por primera vez en la Biblia, se menciona el canto mientras el pueblo de Dios se regocijaba y entonaba un nuevo canto al Señor.

Algunas veces Dios decide guiarnos a una trampa. Su plan es enseñarnos que los obstáculos pueden convertirse en oportunidades. Muchas veces no avanzamos hacia una esfera de crecimiento a menos que abordemos problemas que parecen insalvables. Eso fue cierto para la nación de Israel en su éxodo de Egipto. Dios se preparaba para enseñarles que su problema no estaba ahí para destruirlos, sino para edificarlos. ¿Deberíamos esperar que fuera distinto para los reacios siervos de Dios en la actualidad?

La poetisa Annie Johnston Flint escribió:

¿Has llegado al lugar del Mar Rojo en tu vida
Donde a pesar de todo lo que puedas hacer
No hay salida, no hay vuelta atrás,
No hay otro camino sino pasar a través de él?

Así que espera en el Señor con serena confianza
Hasta que la noche de tu temor haya cesado;
Él enviará los vientos y separará las olas
Y tú al fin habrás pasado.

¿Cuál es el vínculo que existe entre la asustada muchacha con el guijarro negro, los aterrorizados israelitas atrapados por el mar y la persona temerosa que espera realizar un gran cambio en su vida al leer este libro? En palabras sencillas, Dios quiere sustituir su temor por fe. La fe dice: «Creo que con la ayuda de Dios puedo lograr todas las grandes metas que deseo en mi corazón». ¿Puede hacerlo usted? Seguro que puede. ¿Quién puso esos grandes deseos en su corazón desde un primer momento? ¡Fue

Dios el que lo hizo! Espero que se una a mí al decir: «Te amo, Señor, por todas las cosas buenas que tú sacas de mí. Gracias».

Ahora está aprendiendo a cambiar sus mañanas, y lo logra haciendo nuevas y mejores elecciones hoy. ¡Por usted, y su visión de todo un mundo nuevo en el que ya no vive en temor, me pongo de pie y aplaudo!

4

Atrapado por la ira furiosa

POR DEBAJO DE TODA DEPRESIÓN
ACECHA EL DEMONIO DE LA IRA.

ANDREW CARLISS

«*L*os palos y las piedras pueden romper mis huesos, pero los insultos nunca me harán daño». ¡No crea eso! Cuando nos insultan, ya sea de niños o de adultos, nos hacen daño. Esas palabras pueden penetrar hasta lo más profundo, con cicatrices que permanecen toda una vida. Quizá la ira esté latente, pero sigue ahí, y no hay manera de saber cuándo saldrá a la superficie la venganza por los agravios del pasado. La ira reactiva atrapa a las personas de modo que hacen daño a todo o a todos los que le rodean en el hogar, en la oficina, en el parque o en una autopista congestionada de tránsito. La ira duele. La ira hace daño. La ira hasta mata. ¿Pero qué es la ira? ¿Por qué nos es tan difícil controlarla? ¿Acaso *queremos* controlarla? ¿Forma parte de nuestra constitución emocional de la que no podemos escapar? ¿Qué podemos hacer para reducir esa fuerza en nuestras vidas que nos ha hecho tanto daño a nosotros, y a otros, durante nuestra vida? ¿Debemos quedarnos atrapados con esa *bestia que vive en nuestro interior* durante el resto de nuestras vidas?

En pocas palabras, esta dañina y enojada energía que lanzamos a los demás surge casi siempre de un profundo sentimiento de hostilidad hacia nosotros mismos. Una guerra civil irresoluta e interna entre el amor, que nos mueve hacia delante, y el temor, que nos mueve hacia atrás, dejándonos frustrados y sintiendo que nuestra única respuesta es ir en contra de nosotros mismos. Esa ira no estructurada es como un proyectil que se lanza en el calor de la batalla. Después de dar en el blanco deseado, continúa rociando su metralla de muerte sobre todo lo que haya en la zona, incluyendo a las personas que más queremos. Esas mortales consecuencias a menudo adoptan la forma de acusar a otros de lo mismo que sentimos con respecto a nosotros mismos. Los psicólogos le denominan ira «proyectada».

¿Cómo comienza su día?

Las personas sanas en lo emocional tienden a despertarse cada día diciendo: «Buenos días, Señor. Este es otro buen día. No puede suceder nada que tú y yo no podamos enfrentar juntos». Otros se despiertan con la queja: «Dios bueno, es por la mañana. Otro pésimo día de intentar resolver todas las cosas que otros van a tratar de poner sobre mí». Estas son dos profecías que se cumplen y que establecen el tono y los resultados de las siguientes dieciséis horas. Una está contenta con la bondad y la gracia de Dios; la otra cuestiona con enojo si el Todopoderoso está implicado aunque sea a distancia en los asuntos del día.

En mi experiencia, la mayoría de las personas no se dan cuenta de lo atrapadas que están en la ira sin resolver. Hace poco revisé los resultados de una prueba psicológica con una mujer que me visitó por varias semanas. Al revisar con ella sus respuestas a varias preguntas, le pregunté lo que creía que podría estar enojándola tanto. Con una sonrisa beatífica que se extendía por todo su sorprendido rostro, se irguió en su silla y respondió: «Por favor, doctor Freed. En realidad no me veo como una persona irascible, ni tampoco lo diría ninguna de mis amigas. Solo pregúnteles, ¡y le dirán que *no* soy alguien irascible!

Su ritmo cardíaco se aceleró; su tensión arterial se elevó; su nariz se ensanchó; su cara se sonrojó. Sin embargo, no estaba enojada.

Al comprender que mi línea de preguntas no me llevaría a ninguna parte, esperé por un momento para después preguntar de manera casual: «Dígame, ¿cuáles son algunas de las cosas que parecen frustrarla de verdad?». Durante cinco minutos seguidos, sus labios derramaron la ira negada, a veces rayando en la furia. Su ritmo cardíaco se aceleró; su tensión arterial se elevó; su nariz se ensanchó; su cara se sonrojó. Sin embargo, no, ella no estaba enojada. Solo frustrada. Un poco molesta. Entonces, a medida que vociferaba, y luego caminaba por mi oficina pisando fuerte, comprendí lo que me decía. Eso se debía a que yo lo he experimentado, como estoy seguro de que usted también lo ha experimentado muchas veces en el pasado. *No, no estoy enojada. Muy bien, un poco molesta, quizá. ¿Pero enojada? ¿Yo? De ninguna manera.*

En realidad, puedo recordar el día en que aprendí a negar mi ira. Estaba en una clase de la Escuela Dominical cuando era un muchachito en mi ciudad natal de Washington D.C. Uno de mis compañeros levantó su mano esa mañana de domingo para preguntar: «Maestro, me parece que Jesús algunas veces se enojó. Parecía que no le gustaba el modo en que las personas hacían algunas cosas. Él de verdad se enojó, ¿no es cierto?».

En un intento de corregir lo que el maestro pensaba que era una mala teología, este dijo algo que confundió mi mente durante muchos años después. Respondió: «Claro que no. Jesús no se enojaba. No podría haberse enojado. Él era el Hijo de Dios. ¿Enojado? Nunca. Solo tenía una indignación justa y quizá se sintiera un poco frustrado».

¿El mensaje para esa clase de muchachos? Ya que Jesús no era lo bastante humano para enojarse por los desafíos que planteaba su propia vida, nosotros, si queríamos ser buenos cristianos, tampoco deberíamos admitir nunca una emoción llamada ira. No estaría bien. Sin duda, no sería de cristiano.

¿Ha estado alguna vez en ese punto? Si lo ha estado, sabe de lo que hablo. Quizá al igual que yo, la negación de la ira puede que le condujera a un desierto de confusión durante gran parte de su vida. Recuerdo que al regresar a casa después de la Escuela Dominical esa mañana, pensaba en lo «frustradas» que tantas personas debían de estar en sus vidas: amigos, maestros, compañeros de clase, padres. *En especial* mis padres. Aun así, gracias a Dios, ahora he aprendido que ellos no estaban enojados conmigo. Solo estaban muy disgustados. Molestos. Y quizá un poco frustrados. Ese mensaje mezclado fue muy perjudicial debido a que su falsedad se reforzó en un contexto de aprendizaje sobre Dios.

*I*ra: La buena y la mala

A estas alturas debemos hablar con más detalle de la diferencia crítica que existe entre la ira reactiva y la ira constructiva. Carol Tavris, en su clásico libro *Anger*, lo expresa mejor que nadie cuando escribe:

> La ira, como el amor, es una emoción moral. Tiene una
> potente capacidad para el bien y el mal. He visto a personas
> utilizar la ira en nombre de la liberación emocional a fin

de erosionar el afecto y la confianza, mermar sus espíritus con amargura y venganza y reducir su dignidad en años de rencoroso odio. Y observo con admiración a los que utilizan la ira para investigar la verdad, que desafían y cambian las complacientes injusticias de la vida y que adoptan una posición poco popular en el centro del escenario mientras que otros les dicen que se callen desde los lados. En las últimas décadas, la biología y la sicología han privado a la ira, y a nuestras otras emociones, de la capacidad humana para escoger y controlar. Mi meta aquí, al evaluar y criticar la sabiduría que prevalece, es ayudar a restaurar la confianza en esos dones humanos.

Increíble. Tavris denomina a la ira, y a nuestras otras emociones, dones, que es lo que son en realidad. Nosotros *somos* nuestras emociones, y nuestras emociones *son* nosotros. Da a entender que la ira reactiva es un hábito mental en cuanto a que alienta a la voz a que hable antes de implicar al cerebro. ¿No estaría de acuerdo en que la mayoría de nuestros problemas de ira surgen por hablar antes de pensar? De ahí la vieja máxima que dice que contemos hasta diez antes de hablar. La sabiduría bíblica dice: «El sabio piensa con anticipación» (Proverbios 13:16, LBD). En la actualidad lo denominamos ser preventivo, constructivo, el tipo de «mantenimiento de ira» que une corazones y emociones dispares en lugar de verlos cómo se desechan el uno al otro.

La Palabra de Dios tiene la respuesta

Cuando usted y yo aceptamos la eterna verdad de Dios como la norma para nuestras vidas, ya no estamos obligados a reaccionar con nuestra vieja, anticuada e infundada ira a la malicia y el descontento que nos rodean.

Cuando usted y yo nos sentimos atrapados por nuestra ira, la del tipo reactiva, necesitamos un límite basado en la Biblia y previsor que nos saque de nuestra espiral emocional. En esencia, este es el consejo que leemos en la carta de Pablo a la iglesia romana, donde les dice a los cristianos en Roma:

> *No se amolden al mundo actual, sino sean transformados mediante la renovación de su mente. Así podrán comprobar cuál es la voluntad de Dios, buena, agradable y perfecta.*

> Romanos 12:2

He aquí la buena noticia de este pasaje: Ahora actuamos en una longitud de onda diferente. Ahora vemos que la causa está dentro de nosotros y que el efecto está fuera de allí. Hemos tomado una decisión consciente, con la ayuda de Dios, de no volver a permitir que el mundo que nos rodea nos meta a la fuerza en su statu quo. El escritor de Proverbios está de acuerdo:

> *El falto de juicio desprecia a su prójimo, pero el entendido refrena su lengua.*

> Proverbios 11:12

> *El que refrena su lengua protege su vida, pero el ligero de labios provoca su ruina.*

> Proverbios 13:3

El apóstol Pablo nos da uno de los consejos más sensatos que jamás escucharemos cuando le escribe a la iglesia en Éfeso: «Si se enojan ustedes, no cometan el pecado de dar lugar al resentimiento. ¡Jamás se ponga el sol sobre su enojo! Dejen pronto el enojo, porque cuando uno está enojado le da ocasión al diablo» (Efesios 4:26-27, LBD).

El pasaje anterior nos dice que entre el estímulo y la respuesta de la ira existe un espacio para hacernos algunas preguntas importantes, tales como: *¿De qué manera me ayudará el modo en que estoy a punto de reaccionar a conseguir lo que quiero en verdad? Si escojo palabras impulsivas y airadas, comprendo que quizá me sienta bien, hasta justificado, ¿pero valdrán la pena el dolor y el lamento que vienen a continuación?* Ya que usted y yo sabemos cuáles serán nuestras respuestas, sin duda escogeremos el tipo de palabras amables que quitan la ira, que mantienen intactas las relaciones y que traen paz a nuestros angustiados corazones. Cuando hacemos eso, podemos decir: «Gracias, Señor. Tú me has sacado de la trampa, y te estoy agradecido para siempre».

Víctimas nunca más

¿Por qué es tan importante responder bien las preguntas anteriores? Porque si usted y yo decidimos permitir que otras personas nos enojen, escogemos la vida de una víctima. Seguimos reforzando la perversa necesidad de esa persona de dominarnos. Esto le da a la otra persona el poder de sacarnos de nuestras casillas. ¿Por qué desearíamos hacer eso? ¿Por qué le vamos a dar a otra persona el botón del control para hacernos parecer unos tontos descorteses y charlatanes?

Con toda sinceridad, hasta ahora quizá hiciera el papel de víctima. ¿Acaso no es una buena noticia que no tenga por qué responder de esa manera nunca más? La próxima vez que alguien, de modo inapropiado, haga sonar el timbre de sus emociones, será fuerte y no responderá con la misma moneda, sino con amabilidad. Eso es lo que quiere decir el consejo de *no se amolden al mundo actual. Esta es la única manera de vivir* en lo espiritual, físico y emocional.

Lo que debemos observar aquí es que la ira es un intento de obtener poder y control. Sin embargo, la autoestima también requiere poder y control a fin de realzar y proteger sus sentimientos de paz y bienestar. Por lo tanto, es obvio que el problema *no* es el poder y el control, sino lo que *hacemos* con esas enormes energías gemelas que pueden utilizarse por igual para el bien o para el mal. La próxima vez que sienta que los ataques verbales de otra persona le hieren de forma emocional, responda: «No permitiré que sigas gritándome de esa manera. Esto también se aplica a los insultos, la crítica y la humillación. Todo eso debe terminar. Y si tú, por alguna razón, continúas atacándome, me iré».

Después de todo lo dicho, todavía hay una pregunta sin responder acerca de nuestra trampa y la ira. La pregunta es la siguiente: ¿Quién atrapa a quién? La Biblia nos conoce tan bien a usted y a mí, que nos recuerda a cada momento que hay una batalla salvaje en nuestro interior que sigue sin amainar. Romanos 7 habla de esta guerra interna como lo que *deberíamos hacer* y no hacemos y lo que *no deberíamos hacer* y que hacemos. Es fascinante el modo en que las palabras del apóstol Pablo nos hablan con tanta fuerza en la actualidad como la que tuvieron hace casi dos mil años. En una ocasión, Pablo habló de sus propios desafíos cuando escribió las palabras: «No se sometan nuevamente al yugo de esclavitud» (Gálatas 5:1). Sin duda, esclavitud. De eso se trata estar atrapado, y la ira sin resolver es el más terrible apresador de todos.

Una comprobación de hostilidad

El doctor Redford Brown Williams, autor de *Anger Kills*, diseñó una sencilla lista de comprobación para que la utilicemos a fin de comprobar nuestro «nivel de hostilidad». Puede que las siguientes preguntas le sean de interés a medida que trabaja en cualquier cosa que quizá le enoje.

1. ¿Es casi siempre desconfiado y cínico? Por ejemplo, ¿comprueba con frecuencia el rendimiento de un compañero o destaca algo que se podría haber hecho mejor?

2. ¿Piensa en secreto que la mayoría de las personas son tontas o patéticas, que merecen cualquier cosa que les ocurra?

3. ¿Se enoja mucho si alguien interrumpe su rutina diaria, digamos, al dejar el periódico esparcido de modo que no puede leerlo con facilidad o al olvidar comprar leche para su café?

4. Si alguien en el trabajo se ofrece a ayudarle con una tarea, ¿se siente enojado porque esa persona cree que usted no es lo bastante inteligente para poder hacerlo solo?

5. ¿Toca el claxon repetidas veces cuando el auto que está delante no se mueve con rapidez después que el semáforo está en verde?

Tome medidas

El doctor Williams sugiere que si su respuesta es sí a cualquiera de esas preguntas, es posible que quiera comenzar a escribir un diario de irritaciones diarias, pensamientos cínicos y sentimientos hostiles. Debiera ser lo bastante detallado para obtener un cuadro claro de la frecuencia, y el porqué, con que se enoja, al igual que de su modo típico de responder. Si lo que le molesta parece poco importante, déjelo pasar. O si su frustración se produce por cosas que están más allá de su capacidad para cambiarlas, una vez más, déjelas pasar. Al poco tiempo descubrirá lo poco productivo que es molestarse con pensamientos de ira.

Algunas situaciones, sin embargo, merecen la ira constructiva. Una mujer de unos veintitantos años, a la que llamaré Sara, estaba sentada en mi oficina y me dijo que su mamá la había llamado por teléfono tres veces en las últimas dos semanas diciendo: «Cariño, resulta que volví a pasar por tu casa en mi auto anoche y observé que el auto de la niñera aún estaba allí a medianoche. Ya sabes, de verdad creo que no deberías dejar a mi nieta tantas veces con una niñera». Imagine los sentimientos de esa joven mamá. Estaba furiosa, y su ira comenzó a aumentar. Sara me dijo: «Doctor Freed, un día mi mamá me llamó, y yo me frustré tanto con lo que me estaba diciendo que puse el teléfono sobre la mesa y durante diez minutos estuve caminando por la casa para calmarme. Cuando volví a tomarlo diez minutos después, mi mamá seguía al otro lado diciéndome cómo educar a mis hijos. ¡Ella ni siquiera sabía que yo no la había estado escuchando!».

Después que Sara y yo habláramos sobre su dilema, realizamos una pequeña sesión de estrategia sobre la manera en que podría solucionar mejor su problema. Lo primero que hizo cuando llegó a su casa fue llamar a su mamá e invitarla a comer. Unos días más tarde, madre e hija estaban en un restaurante, y aun antes de que les trajeran el plato principal, Sara dijo:

—Mamá, quiero que nuestra relación sea diferente. Te doy un 10 como mamá, pero ahora me gustaría graduarte con el título de *amiga*. Solo sé mi amiga.

Al oír eso, su mamá comenzó a tartamudear.

—¿Pero de qué estás hablando, Sara? Ya soy tu amiga.

—Mamá —respondió Sara—, las amigas no se dicen la una a la otra cómo deben vivir sus vidas. Sé mi amiga. Edifícame. El amor busca maneras de ser constructivo. No me menosprecies por no ser madre del modo en que lo fuiste tú. ¿Te acuerdas de lo mucho que te desagradaba que tu mamá te hiciera eso a ti? Por favor, solo sé mi amiga.

Con lágrimas, su mamá comenzó a entender, y en la actualidad Sara y su mamá son las mejores amigas. Al dejar de estar atrapada por la ira, Sara al fin cruzó el umbral hacia una vida nueva y emocionante para sí misma con sus seres queridos.

Cuatro maneras de lidiar con la ira

Consideremos algunas opciones en cuanto al manejo de nuestra ira. Ya nos referimos a ellas, pero ahora veamos cada una de forma específica. En esencia, existen cuatro maneras de solucionar la ira que le tiene atrapado e inmovilizado: *reprimirla, suprimirla, expresarla* o *confesarla*.

1. *Reprimir* un sentimiento de ira le atrapa tan hondo en ella que, mediante un programa bien orquestado de negación, ni se da cuenta de que tiene esa emoción. Quizá una figura de autoridad le dijera en la niñez que «no debería tener sentimientos de ira». Como resultado, puede que ahora se sienta atemorizado, avergonzado e incluso más enojado, con menos capacidad de lidiar con sus emociones que le han negado. El principal desafío de reprimir sus sentimientos es que nunca puede enterrarlos *muertos*. Siguen muy vivos, se revuelven, dan patadas y se niegan a venirse abajo. Al intentar siempre de modo fútil enterrarlos, lo que ha hecho es echar por encima unas cuantas palas de tierra a lo que creía que eran cadáveres emocionales, esperando no volver a tener noticias de ellos nunca más. Un grave error. Los sentimientos reprimidos de ira se quedarán con usted, le causarán problemas y le minarán hasta que los afronte. Entonces podrá escoger liberarlos con una persona en la que confíe.

2. *Suprimir* sentimientos de ira significa que a cada momento lucha en su contra con los *debería* y *no debería* mal equipados y agotados. Cuando se atrapa al suprimir su ira, queda inmovilizado por ansiedad compuesta por otros secretos

guardados (emociones suprimidas) que carcomen el centro de sus emociones. Freud tenía razón al sugerir: «Sus secretos son su enfermedad». Cuando suprime sus sentimientos de ira, casi nunca obtiene lo que quiere. Solo quiere seguir adelante y llevarse bien. No mueve la barca. Mantiene la ira en su interior. Se arriesga a que sus sentimientos se conviertan en enfermedades físicas cuando, en el proceso de la negación, se dispone para tener dolores de espaldas, de cabeza, de cuello, úlcera péptica o cualquier otra enfermedad física.

Así que la pregunta es: ¿Qué *debería* lleva encima ahora mismo? ¿Sigue atrapado al decir: *Debería aceptar el abuso de otros; debería ser un simple patito de goma al que le disparan los demás*? Espero que no. La palabra *debería* desalienta; la palabra *puedo* alienta. Una vez que se libere de la culpabilidad de sus propios *debería*, puede avanzar con firmeza en una dirección sana de manera emocional, convirtiéndose al final en la persona que Dios quiso que fuera. En ese proceso, descubrirá que las tres frases más motivadoras para ayudarlo a producir un cambio duradero son: *Puedo, lo haré* y *lo hago*.

3. Para algunas personas, *expresar* un sentimiento significa estallar en ira y desbocarse por completo. Por años, muchos terapeutas alentaron a sus clientes a «dejar volar su ira... solo dejarla salir... le hará bien». Ahora sabemos que esa no es una respuesta sana, sino que más bien es una respuesta que deja cicatrices y heridas imborrables. *Sí* que importa el que se interpone en el camino de nuestra ira. *Sí* que importa lo que digamos, cómo lo digamos y cuándo lo digamos. Si la ira (que surge del dolor, el temor y la frustración) no se expresa en un ambiente en el que se pueda hablar de ella y se comprenda,

¿cómo podemos justificar el empuñar las pistolas verbales y derribar nuestro blanco convirtiéndolo en un olvido emocional? Se ha dicho que una persona es casi tan grande como las cosas que le hacen enojar. Quizá sería mejor decir que cuanto más creces, menos fastidiarás las cosas.

Si uno no habla de sus sentimientos
de ira con alguien, los lanzará sobre alguien.

---

4. *Confesar* un sentimiento significa aprender a estar de acuerdo en hablar al respecto. Si uno no habla de sus sentimientos de ira *con* alguien, los lanzará *sobre* alguien. En un principio, puede que sienta temor de dar este paso hacia el bienestar emocional, y eso es comprensible. Aun así, una vez que aprenda a hablar de esos sentimientos un poco cada vez, encontrará liberación de la trampa en que ha vivido por demasiado tiempo. Por ejemplo, en este momento, mientas lee este capítulo, puede que se sienta triste, rechazado, que nadie se preocupa por usted, no apreciado o hasta que han abusado de usted en lo emocional. Si es así, quiero que busque a alguien en el que pueda confiar y que hable con esa persona. Pídale que se siente con usted y le escuche. No necesita rellenar un test psicológico con respuestas bien fundamentadas para consolarse, ni tampoco necesita realizar un inventario personal exhaustivo. Solo necesita a alguien que *esté ahí* con usted mientras le habla de sus sentimientos más profundos.

Tome medidas

Si *reprime* sus sentimientos de ira, corre el riesgo de enterrar vivos otros sentimientos. Si los *suprime* con un desfile de «debería», amontonará culpabilidad sobre sí mismo y puede que nunca alcance la salud emocional de la cual Dios quiso que disfrutara. Si *expresa* sus sentimientos con ira y hostilidad, quizá se sienta justificado por un tiempo. Sin embargo, dejará un rastro de cuerpos golpeados en lo emocional y relaciones rotas a lo largo del camino, algunos de los cuales tal vez nunca recupere. Entonces, cuando es capaz de *confesarle* y hablarle del dolor y la frustración que guarda en su corazón a una persona amorosa que le escuche y que no le juzgue, comenzará a sentir paz en su interior.

Espero que comprenda mejor el papel que la ira ha jugado en su vida a fin de mantenerlo atrapado... hasta ahora. ¿Los que le rodean sentirán esta próxima semana que está menos enojado que antes? Si así lo decide, lo estará, y al fin será libre en su camino para salir de la trampa de la ira y la desesperación. Eso es lo que más le deseo en este momento.

5

A trapado por las necesidades sexuales

... HASTA AHORA

EL SEXO ILÍCITO ES EL ESFUERZO DE LA CARNE
POR VIOLAR AL ESPÍRITU. SOLO LA FORTALEZA
ESPIRITUAL PUEDE RESISTIR ESTE ATAQUE.

ALFRED GROSS

*N*ancy tenía quince años de edad y un embarazo avanzado. Lloraba sentada ante mí mientras hablaba de su primer encuentro sexual hacía seis meses. Creyó la mentira de la impotencia; dijo que no fue capaz de decirle que no al muchacho. Le sugerí que podría haber dicho: «Solo no estoy preparada para eso».

De inmediato me dijo: «Claro, así me sentía en realidad. Desearía haber sabido cómo decírselo en ese momento. Creo que habría dado resultado».

Hay muchas cosas que no parecen resultar bien en nuestros fuertes deseos sexuales: situaciones que plagan a los hombres, las mujeres, los muchachos y las muchachas dentro de la iglesia tanto como a cualquier otra persona. Los sentimientos sexuales no respetan el género, la edad, el origen racial ni la situación en la vida de las personas. Están ahí con nosotros, y debemos lidiar con ellos siempre. En este capítulo analizaremos lo que hacemos con nuestros sentimientos sexuales como solteros y casados.

Vivimos en una era de mitos

Los mitos son las mentiras que nos decimos, las artimañas que nos ayudan a negar la verdad hasta que la enfrentamos al fin. Es lamentable, pero cuando golpea la verdad, casi siempre llega como un ariete que derriba nuestras estructuras más fortificadas y nos recuerda en un instante que somos frágiles. Hay muchos mitos en nuestra sociedad que rodean la relación sexual fuera del matrimonio. Consideremos algunos de estos.

Primer mito: En realidad, no estamos lo bastante preparados para hacer un compromiso total, pero nos amamos y por eso la relación sexual no es mala. Solo será cuestión de tiempo hasta que nos casemos.

Hecho: Las estadísticas actuales indican de manera abrumadora que la relación sexual prematrimonial o vivir juntos no es el preludio de un matrimonio feliz.

Segundo mito: No se puede conocer de verdad a una persona hasta que se viva con ella y ambos se conozcan el uno al otro en la cama.

Hecho: En realidad, las personas que viven juntas son propensas a conocer los errores mutuos. Sin embargo, lejos de conducir a las parejas a una perspectiva más realista del matrimonio, el vivir juntos tiende a reforzar el mito de que «cambiará después de que nos casemos». Con todo, esos errores no se van, y la trampa de querer hacerse ilusiones ata a los cónyuges con más fuerza aun. Además, el sexo malo y secreto en el que dos personas participan antes del matrimonio, cambia enseguida después del matrimonio. Sin la emoción de romper las reglas, la relación sexual puede ser mucho menos interesante para los que no saben cómo hacer que sea buena.

Tercer mito: Estamos locamente enamorados y confiamos por completo el uno en el otro. No necesitamos el matrimonio.

Hecho: Las posibilidades de que poco a poco una de las partes se implique *más* en lo emocional a medida que la otra lo hace *menos* son abrumadoras.

Para muchas personas, la relación sexual fuera del matrimonio es una simple elección de estilo de vida. Dos adultos o adolescentes que están de acuerdo, si toman precauciones, pueden practicar la relación sexual sin que se produzca ninguna consecuencia negativa. Además, según razonan algunas personas, la Biblia prohibió la fornicación porque no había ningún modo de prevenir el embarazo, pero eso ya no sucede. ¿Significa eso que el compromiso del matrimonio puede ahora sustituirse por una promesa de vivir juntos por algún tiempo? *Convivencia* sería un término contemporáneo para esta modalidad de vida.

Un artículo de cinco páginas en la revista *Cosmopolitan*, de octubre de 1976, se titulaba: «Vivir juntos es una idea malísima». Revise el primer párrafo del artículo. Mientras lo hace, trate de contenerse de decir que se escribió hace tres décadas y que, por lo tanto, ahora está obsoleto más allá de toda razón. Mi experiencia como consejero sugiere que no lo está.

Cuando una mujer vive con un hombre sin que la pareja realice la inversión mutua y sincera de ellos mismos respaldada por un certificado de matrimonio, ella pierde de inmediato las siguientes cosas: su independencia; su libertad para tomar sus propias decisiones; su privacidad;

todo su misterio; cualquiera de las posiciones prácticas ventajosas en la estructura de poder del amor; una oportunidad de realizar un cambio importante en su vida al dar un paso genuino hacia la posición de adulta plena; la posibilidad de tener un hijo que no sea ilegítimo; y la protección de la ley. [Este mismo párrafo podría escribirse para un hombre].

Para muchos será fácil descartar lo anterior por ser obsoleto. Otros resonarán con estas verdades parte de su experiencia actual y de finales del siglo veinte. ¿Será posible que en realidad *existan* algunas verdades universales sobre las relaciones humanas? Quizá usted ya haya encontrado algunos de los mitos que rodean a esta situación ahora común. Nada es más fácil que confundir la verdad con la falsedad, en especial cuando los valores tienden a provenir de la presión de grupo, de los medios de comunicación y del cuestionable consejo de amigos bienintencionados.

Cuanto más luche, más perderá

Con el paso de los años, muchos ministros de Dios han acudido a mí en busca de ayuda para comprender sus conflictos internos. Durante esos cientos de horas de atroces sesiones, me han dicho repetidas veces: «He luchado contra mis sentimientos sexuales toda mi vida y he perdido. Parece que mientras más lucho en su contra, más fuertes se hacen». Entonces les explico que eso es justo lo que sucederá hasta que la persona llegue a comprender una importante verdad: Nunca se puede luchar contra un fuerte sentimiento sin darle la atención que uno no quiere que tenga.

Debido a que son ministros del evangelio, a esos hombres les interesa cuando abro la Biblia y les muestro que la Palabra de Dios nunca sugiere que lidiemos con nuestros sentimientos mediante la lucha ni la eliminación. En una página tras otra de la Escritura aprendemos que mientras más fuerte empujemos esos sentimientos, más lo harán ellos en contra de nosotros. Por lo general, en este punto, el ministro sincero, al querer seguir adelante con su vida, clama con desesperación:

—Entonces, ¿qué hago? Las cosas que no debería hacer, las hago, y las cosas que debería hacer, no las hago.

—Pues bien, de seguro que no está solo —le respondo—. Es más, tiene una muy buena compañía, porque lo que acaba de decir lo expresa también de modo excelente el apóstol Pablo, que parecía escribir en una profunda depresión. ¿Y qué hizo él?

La respuesta del pastor casi siempre proviene del hemisferio cerebral izquierdo.

—Bueno, supongo que solo cambió su actitud con respecto a Dios.

Eso es una victoria, porque en ese punto el pastor enciende las luces y los sentimientos sobre la presencia y el poder de Dios en su vida. Al hacerlo, apaga la lucha consigo mismo y su incapacidad de ejercer el autocontrol.

> Nunca se puede luchar contra
> un fuerte sentimiento sin darle
> la atención que uno no quiere que tenga.

—¿Quiere decir que solo cambió sus pensamientos a otro canal? ¿Al igual que cuando cambia de canales un televisor con el control remoto para ir a otro programa? —puedo responder.

Por lo general, el pastor asiente con la cabeza para expresar su acuerdo.

Esta es la idea que quiero plantar en su corazón: Usted y yo comenzaremos a ver el mundo de modo diferente cuando pensamos de modo diferente acerca de lo que queremos ver.

Con todo, tengo estos sentimientos sexuales

Sin embargo, como diría alguien, no resulta de esa manera. Uno desearía que fuera así, pero no es tan fácil. ¿Quiere decir que su principal preocupación es que no puede *detener* sus sentimientos sexuales? Por favor, escuche con atención. ¿Acaso le ha pedido alguien que *deje* de tenerlos? ¿Por qué querría matar esos sentimientos vitales que Dios creó en usted y que llamó buenos?

Jesús enseñó que el que mira a una mujer y la codicia ha cometido adulterio en su corazón. ¿Significa eso que los pensamientos sexuales y el acto del adulterio son uno e iguales? No. El adulterio es un plan sistemático para seducir a otra persona en lo sexual para el propio placer egoísta. Eso es un plan sexual intencionado, no un pensamiento sexual.

Ahora llegamos a esa delgada línea que hay entre los pensamientos escogidos y los pensamientos compulsivos. Cuando cruzamos esa línea, ya no escogemos los pensamientos. Ahora los pensamientos nos escogen a nosotros. Somos adictos.

En los pensamientos sexuales, una persona puede escoger entre muchos caminos posibles de pensamiento. Con un sano trasfondo familiar de amorosa afirmación e información clara, se puede aceptar de muchas maneras edificantes la relación sexual como un hermoso regalo de Dios. En cambio, un trasfondo de abuso sexual y desinformación en una situación de familia disfuncional puede hacer que la sexualidad propia sea una maldición que conduzca a la horrible trampa de la adicción. Patrick Carnes, una autoridad nacional sobre la sexualidad adictiva, afirma en su libro *Out of the Shadows*:

Una definición común de alcoholismo es que una persona tiene una relación patológica con un producto químico que altera el ánimo. Esta relación con el alcohol llega a ser más importante que la familia, que los amigos y que el trabajo [...] La adicción sexual es paralela. La relación del adicto con una experiencia que modifica el ánimo llega a ser central en su vida.

Carnes continúa escribiendo acerca de esto de modo que parece una experiencia espiritual con Dios. En realidad, es una experiencia así: con un falso dios. Carnes observa que la experiencia sexual es la fuente de alimento, el enfoque de la energía y el origen de la emoción. Es el remedio para el dolor y la ansiedad, la recompensa del éxito y el medio para mantener el equilibrio emocional.

Un cliente mío, Mike, era estudiante de segundo año en la universidad que sirvió en la Marina durante cuatro años antes de comenzar sus estudios. Vino a terapia conmigo con este problema: «Tengo dificultad para estudiar, mis notas son malas y creo que tengo el Trastorno por Déficit de Atención».

Junto con eso, en su informe estaba la respuesta de Mike a una pregunta con respecto a su uso del alcohol. Marcó la casilla del uso moderado y lo explicó como «una o dos cervezas al día». Bajo la casilla de afiliación religiosa, escribió: «Bautista», y la persona que querían que contactaran en caso de emergencia era su novia Nancy.

En nuestra primera sesión me contó, entre otras cosas, que ya no asistía a la iglesia y que tenía relaciones sexuales todos los miércoles por la noche con Nancy. Se izaron banderas rojas mentales para mí debido a su cantidad bien definida de cerveza y relación sexual.

Antes de nuestra segunda sesión, Mike realizó un test computarizado que indicaba que el déficit de atención era improbable. Cuando nos reunimos de nuevo, le pregunté a Mike si había alguna cosa en su vida que estuviera fingiendo no saber. Me preguntó: «¿Cómo qué?».

Le respondí: «Como algún secreto que quizá estés guardando y que no le cuentes a nadie, ni a mí». Entonces le expliqué su derecho a la confidencialidad. Durante las cuatro sesiones siguientes la historia de Mike se fue desvelando en forma gradual.

Mike sufrió de abusos sexuales por parte de su abuelo durante un período de tres años, desde los seis años de edad hasta los nueve. Eso sucedía todos los miércoles cuando sus padres estaban en la reunión de oración en la iglesia. Su abuelo le daba dinero y le hacía prometer cada vez que nunca le contaría a nadie nada sobre su relación.

Cuando Mike terminó de describir esa relación, dijo:

—Aquí estoy, contándole toda la historia. Es probable que acabe diciéndole también que siempre estoy pensando en mi siguiente oportunidad de estar con una mujer.

Continuó diciendo que Nancy no era la única chica en su vida, y que siempre buscaba nuevas mujeres con las que tener relaciones sexuales. Cuando le pregunté cómo le hacía sentirse eso, respondió:

—La relación sexual me hace sentir bien conmigo mismo, aun mejor que cuando me convertí en cristiano. Entonces no podía ser lo que debía ser, y ahora siempre estoy a la caza consiguiendo lo que tengo que conseguir... En realidad, este es un pésimo modo de vivir, y la mayoría del tiempo me siento como un hombre pésimo de verdad.

Por último, le pregunté lo que le motivaba estar a la caza.

—¿Quiere decir mi deseo? —me preguntó.

—No, quiero decir tu consumo de alcohol —le respondí.

—Solo bebo algunos paquetes de seis cervezas al día —admitió.

Así que Mike recibió el diagnóstico de adicción al alcohol y al sexo. Esto es bastante común, ya que lo último allana el camino a lo primero. Más adelante, Michael se describió como «adorador del lugar sagrado del alcohol y el sexo». Se enorgullecía de que eran su «poder superior» y de que aprendió eso en una reunión de Alcohólicos Anónimos. Traté de hablarle sobre la historia del hijo pródigo que se describe en la Biblia, pero no fue capaz de identificarse con mis pensamientos. Michael nunca regresó después de eso. Las notas de mi última sesión finalizaban con las palabras: «La próxima semana hablaremos de la Campaña Vencedores». Nunca tuve la oportunidad de hacerlo. La historia de Michael me recuerda un relato similar que Leo Buscaglia cuenta en *Vivir, amar y aprender*. Informa que leyó una carta de una universidad mixta que decía algo como esto:

¿Recuerdas la vez en que tomé prestado tu auto nuevo y lo abollé? Pensé que me estrangularías, pero no lo hiciste.

¿Recuerdas la vez en que te arrastré hasta la playa y tú no querías ir? Dijiste que llovería, y llovió. Pensé que dirías: «Te lo dije», pero no lo dijiste.

¿Recuerdas la vez en que derramé la tarta de arándanos en la alfombra de tu auto nuevo? Pensé que me matarías, pero no lo hiciste.

¿Y recuerdas la vez en que me invitaste a salir y pensé que era tan estupenda que flirteé con todos los muchachos y tú te pusiste celoso? Pensé que me dejarías, pero no me dejaste.

¿Recuerdas la vez en que te invité al baile y olvidé decirte que era formal y te presentaste con tus vaqueros Levis? Pensé que me dejarías, pero no lo hiciste.

Sí, hubo muchas cosas que no hiciste, sino que me soportaste, protegiste y amaste, y nunca te dije lo mucho que lo apreciaba. Iba a decirte todas esas cosas cuando regresaras de Vietnam, pero no lo hiciste.

Tome medidas

Ni Mike ni ese soldado tuvieron la oportunidad de escuchar lo que necesitaban de verdad. Sin embargo, para los que leen este libro y están atrapados en el alcohol o en la adicción sexual tengo la oportunidad de hablarles de *Overcomers Outreach*. Este es un grupo de hombres y mujeres cristianos que se han asociado para recuperarse de las adicciones a través de un programa de doce pasos que se realiza en un contexto cristiano. Es un grupo de ámbito nacional al que ministerios como el Club 700, Enfoque a la Familia (el cual tiene un grupo de Overcomers en sus instalaciones) y la Asociación Evangelística Billy Graham envían a personas. Los miembros del personal reciben llamadas de todas partes del país, y en la actualidad tienen casi mil grupos en casi todos los estados, al igual que en otros diez países. Cuando llame, comprenderán de dónde proviene. Su número de teléfono es: (800) 310-3001. Su dirección de correo electrónico es: info@overcomersoutreach.org. Su dirección postal es: P.O. Box 2208, Oakhurst, CA 93644. Su página Web es: www.overcomersoutreach.org. Dicen que establecen el puente entre los grupos tradicionales de apoyo de doce pasos y las personas que sufren en las iglesias de todas las denominaciones. Si los necesita, están preparados para darle esperanza y ayuda.

6

Atrapado en un matrimonio sin intimidad

LA VERDADERA INTIMIDAD CON OTRO SER HUMANO
SOLO SE PUEDE EXPERIMENTAR CUANDO UNO
HA HALLADO VERDADERA PAZ EN SU INTERIOR.

ÁNGELA L. WOZNIAK

La verdad más básica acerca de una relación matrimonial es que *siempre crece*. Crece o bien para acercarse o bien para alejarse. Nunca permanece estática. Por lo tanto, ¿cuáles son los componentes clave de un matrimonio sano? ¿Qué lo aleja y lo separa de la esfera de lo mediocre y lo común?

En un matrimonio sano, no son solo dos personas las que se acercan, lo cual quizá suceda como resultado de cualquier crisis, del temor o por muchas otras razones, pero ambos buscan sin cesar una mayor intimidad el uno con el otro. Ambos van tras el corazón del otro y, para comenzar, cada uno examina primero su propio corazón haciéndose ciertas preguntas, como: *¿Qué palabras de aliento pronuncié hoy? ¿Qué actos de bondad realizo a cada momento por la persona que amo? ¿Cómo demuestro ser más amoroso? Lo que estoy a punto de hacer por la persona que amo, ¿nos acercará más o nos separará?* Con esa profunda introspección llega la conciencia aun más profunda de que la mayor necesidad del corazón humano es recibir afirmación, y recibirla a menudo. En muchos casos, este derramamiento de amor por otra persona resulta de un derramamiento aun mayor y más poderoso del amor de Dios tal como se demostró por medio del amor de Cristo. Lo que llevamos a nuestro interior es lo que sacaremos. Si llevamos basura, sacaremos basura. Si llevamos amor, sacaremos amor.

Porque me aman, amo, y porque amo, me aman.

El diccionario *Roget's Thesaurus* ha recopilado cientos de palabras sobre la intimidad, tales como: *proximidad, cercanía, apertura, toque.* El cuadro mental es el de dos personas que disfrutan la una de la otra, caminando uno al lado del otro, tomados de las manos, escuchándose con atención y amándose sin ninguna vergüenza. Mantenga ese cuadro en su mente. Luego redefina su definición de intimidad como «el disfrute de la plena compatibilidad de mente y corazón».

Creo que estaría de acuerdo en que mientras que hay muchas intimidades en una relación matrimonial, algunas siempre parecen destacar como factores principales. Me gustaría sugerir las que considero las *seis intimidades básicas* que son clave para una relación sana e íntima: las intimidades emocional, espiritual, financiera, intelectual, recreativa y sexual. Ya que para muchas personas estas intimidades varían en cuanto a su jerarquía de importancia, las enumeré por orden alfabético. A medida que lea los siguientes párrafos, quiero que medite en la importancia que tiene cada intimidad en su propia vida y que después evalúe con una puntuación de 1, 2, 3, 4 y 5 la manera en que se relacionan con su matrimonio. Cuanto más sincero sea en su evaluación, más ayuda recibirá de lo que está a punto de leer.

1. *Intimidad emocional*

La intimidad emocional significa entrar en contacto con sus sentimientos. Va más allá de la conversación casual que dice: «Cómo estás... estoy bien». Capta el estado interior y presente de su ser. Siempre resulta de lo que ha estado pensando. Por ejemplo, en este momento me siento emocionado al escribir estas palabras para que usted las comprenda. Hubiera deseado haber sabido estas cosas mucho antes en mi vida. Podría haber obtenido mucha salud y haber evitado muchas de mis heridas. Ahora me siento entusiasmado por poder decirle algunas de las verdades que han hecho mucho más feliz mi vida. Estoy convencido de que harán lo mismo por usted. Por lo tanto, acabo de expresar mis sentimientos de estar emocionado y feliz por poder estar a su lado en este momento. Ahora bien, ¿qué siente usted al leer eso? ¿Acaso no se está desarrollando una relación más profunda entre nosotros? Si pudiera llamarlo por su nombre propio y decir: «_____, estoy muy contento y feliz por habernos conocido», ¿no podría usted sentir el placer?

Digamos que acaba de tener la primera cita con Susana o con Guillermo. Si los dos mostraron sentimientos agradables como estos, ¿acaso no habría una segunda cita? La expresión de los sentimientos de su corazón le capacita a usted y a los demás para mostrar una calidad de vida más abundante y exquisita. De esto se trata el *relacionarse*. Es encontrar su propio yo como el verdadero *yo* y abrir algo: *su corazón*. Los sentimientos son las palabras que pronuncia el alma, y son contagiosos. El corazón de otra persona los capta, y en el proceso esos dos corazones pueden unirse y latir como uno solo.

Relacionarse es encontrar
el verdadero yo y abrir algo: su corazón.

Una relación requiere que dos personas sean sinceras consigo mismas y entre sí. Con todo, algunas personas tienen una falsa impresión de lo que significa llegar a ser uno. ¿Cuándo fue la última vez que fue a una boda, quizá a la suya, donde había tres velas en el frente de la iglesia decorada de modo tan hermoso? La vela central no estaba encendida. Después, en un momento ya planeado durante la ceremonia, la novia y el novio encendieron juntos la vela central, significando que los dos ahora habían llegado a ser uno: uno como pareja, y uno en Cristo. Qué sentimiento tan afectuoso fluye a través del grupo que les apoyan. Hace poco observé eso, pero lo que ocurrió a continuación en la ceremonia me hizo sentir mal. ¡La pareja apagó sus velas! Quería gritar: «No, ¡no hagan eso!».

Tome medidas

Tiene que mantener encendida su propia llama y ponerla en contacto con la llama eterna de Dios con regularidad, de otra manera se consumirá su vela. Mantenga el fuego ardiendo para que cada día se toquen el uno al otro con los efusivos sentimientos de sus corazones.

Al leer esto, quizá diga: «Vamos, eso puede que ocurra de vez en cuando, pero uno no puede tener siempre esos sentimientos efusivos. ¿Qué ocurre cuando los sentimientos mutuos son fríos, negativos y dañinos en potencia, aun hacia la persona que uno dice que más quiere?». Esta pregunta es de gran importancia, y la responderemos en los capítulos que siguen.

2. Intimidad espiritual

¿Qué significa en realidad este componente vital para una relación sana? Digamos, para empezar, que la espiritualidad tiene algo que ver con valores profundos y duraderos, y con el modo en que percibimos nuestro mundo: ¿Es este un universo amigable o un lugar espeluznante y airado donde estar? Quizá si hay un Dios amoroso detrás del telón, sea lo primero; si no hay tal ser bondadoso y compasivo, sin duda alguna será lo segundo. Muchos de nosotros creemos que este Dios se comunica con amor y gracia. Eso significa que le importamos cada uno de nosotros como individuos. Significa que Dios conoce nuestros nombres, nuestros puntos fuertes y nuestras debilidades. Significa que sabemos que Él es Dios y que nosotros no lo somos. Al igual que el salmista, sabemos que no somos sino diminutas motas de polvo en el universo y, sin embargo, somos diminutas motas muy importantes.

Cuando hacemos uso de la verdadera espiritualidad y confiamos en la presencia, el poder y el potencial de un Dios que vive en nuestro interior, aprendemos a resolver nuestros conflictos con amor y gracia. Cuando la verdadera espiritualidad se pone en marcha en las vidas de dos personas que se aman, se suavizan los nervios que entrechocan. La conversación tóxica pierde su veneno. El débil encuentra protección. El audaz y el impetuoso descubren que hay *otro* camino. Se realza la autoestima. Ya no es una *reacción*, sino una *relación*. Como dice la vieja canción: «Hay paz en el valle». Los amantes comienzan a hablarse con sensatez, sin intentar hablar con sensatez al otro. Encuentran un terreno común para el acuerdo.

En el Antiguo Testamento hay treinta y nueve libros, comenzando con Génesis y terminando con Malaquías. Los creyentes judíos y cristianos basan su fe en esas verdades como la revelación que hace Dios de sí mismo. A Él se le llama Jehová, palabra que en esencia es la primera persona del singular: *Yo soy*. Esto significa de manera sencilla y maravillosa que «Él está siempre en tiempo presente». Ahora bien, podemos aferrarnos a esta verdad en nuestra cabeza o que Dios nos sostenga en nuestro corazón.

Los que ven a Dios con los ojos del corazón también le escuchan con los oídos del corazón. Y esto es lo que oímos: ¡que Él está *por* nosotros!

Jehová Yiré: Yo soy la provisión para tu necesidad.

Jehová Rofé: Yo soy la sanidad para tu corazón.

Jehová Nisi: Yo soy la bandera para tu lealtad.

Jehová Rohí: Yo soy tu pastor al unirte a mi rebaño de ovejas.

Jehová Tsidquenú: Yo soy tu justicia en el perdón de tu pecado.

La espiritualidad auténtica, verdadera y pura no es ir a la iglesia, asistir a estudios bíblicos semanales, diezmar, cantar en el coro, ni siquiera testificar de la realidad de nuestra fe, por vitales que sean todas esas cosas para el crecimiento cristiano y el caminar con Dios. Son conductas importantes que resultan de la conciencia de que el Padre nos ama tanto que provee para cada una de nuestras necesidades; que Él está con nosotros veinticuatro horas al día para sanar nuestras heridas del cuerpo y del alma; que Él nos alienta, y es el que siempre aparece a nuestro lado a medida que jugamos al juego de la vida; que Él es nuestro tierno y amoroso Pastor y el que siempre nos perdonará cada vez que nos desviemos del camino de la justicia. Es aquí donde comienza y termina la verdadera espiritualidad. Cuando ambos cónyuges son compatibles en esta esfera, pueden obtener valor de Dios para hablar sobre las otras esferas de intimidad y para hacer algo útil en las mismas.

3 · *Intimidad financiera*

La intimidad financiera toca un nervio sensible, ¿no es cierto? ¿Quién no ha tenido problemas con el dinero: cómo gastarlo, ahorrarlo o regalarlo? La intimidad financiera tiene que ver con nuestro punto de vista del poder monetario y cómo debe usarse. Ya que dinero *es* poder, el dinero puede corromper, y el poder monetario absoluto tiene la capacidad de corromper de forma absoluta. Una persona que tenga grandes bienes económicos siente que puede comprar cualquier cosa. Ahora bien, antes de que me diga: «pero no puede comprar a las personas», quiero decir: «puede comprar a las personas en especial». En este punto nuestro sistema de valores se ve amenazado casi más allá de lo increíble. Podríamos ir muy lejos en esto, así que evitemos esa tendencia y enfoquémonos en algunas esferas que les crean trampas de intimidad financiera a las parejas.

Una esfera de preocupación es la de las tarjetas de crédito; la otra tiene que ver con la gratificación: instantánea o retardada. No puede haber sentimientos financieros de buena voluntad en la relación que tiene una persona gastadora con otra ahorrativa. A la menor oportunidad en una relación, compruebe si hay compatibilidad en este punto. Se avecinan problemas si alguien que ha estado ajustándose el cinturón para evitar problemas en el futuro se entera de que la persona que ama tiene cinco tarjetas de crédito que ha usado al máximo y que está pagando con ele-vadísimas tasas de intereses y, además, busca aun más crédito para las cosas que necesita «ahora mismo». La única manera de no ver un desastre en esto sería que los dos estuvieran tan unidos el uno al otro que se cegaran a las incompatibilidades. Esto suce-de a menudo cuando la relación sexual es el primer vínculo de intimidad. Las cosas «pequeñas» como los problemas moneta-rios parecen menores. Sin embargo, tarde o temprano esos «pequeños problemas» amenazarán la existencia misma de la relación.

Es cierto que *los extremos opuestos se atraen*. Aun así, los puntos de vista opuestos con respecto al dinero son destructivos y con frecuencia no negociables en una relación. Los desacuerdos a la hora del modo de utilizar el dinero pueden ser solo el comienzo de una retahíla de otros problemas. ¿Por qué serían atractivos los puntos de vista opuestos sobre muchas cosas para alguien que procure una buena relación? Sin duda, uno puede aprender a aceptar *en amor* las diferencias de la otra persona. Con todo, ¿no es más sensato disfrutar y celebrar en amor las similitudes de la otra persona? ¿Por qué nos resultan atractivos las convenciones y las grandes actividades a las que asistimos? Comprendo que hay diversas opiniones en casi todos los asuntos, ¿pero qué es más satisfactorio: estar con personas que son *más similares* a usted o *menos similares*? La estabilidad financiera y un punto de vista común sobre el gasto y el ahorro son vitales para cualquier relación. Si está atrapado en esta esfera, le animo a que busque ayuda enseguida. Puede decir que está atrapado, pero también tiene la elección de añadir: «hasta ahora».

Tome medidas

Espero que pueda decir a la persona amada lo que yo le digo a mi querida esposa: «Las cosas en mí que me gusta ser son las cosas en ti que me gusta ver». ¿Qué tal le va en el departamento de intimidad financiera? ¿Qué tipo de puntuación se asigna? Cualquiera que sea su puntuación, este podría ser un buen momento para regresar a la escuela.

4. Intimidad intelectual

El vínculo intelectual de dos mentes significa que uno tiene un gran respeto por la manera de pensar de la otra persona. El hecho de que fuera lo bastante inteligente para escogerlo a usted debería ser bueno para su ego, y viceversa. Hay pocas cosas que pueden hacer más daño a una relación que dar a entender, o decir, a la otra persona que es *estúpida* o *incompetente*. Eso significa que su cónyuge ha hecho algunas malas elecciones, y puede que usted haya sido una de esas elecciones. Decir: «Eso es estúpido», es decir en realidad: «Tú eres estúpido». Eso es todo lo contrario

al camino del amor, el cual procura lo mejor en el otro y se
esfuerza y trabaja por encontrar maneras de ser constructivo.

> «El significado de su comunicación
> es la respuesta que obtenga». Tony Robbins

Decirle a alguien: «Tienes una mente estupenda, aunque no
estemos de acuerdo en este asunto» es una manera mucho mejor
de actuar. Sin embargo, demos un paso más. Intente lo siguiente:
Cada uno de nosotros tiene una mente estupenda. Ahora utilicemos nuestras mentes para descubrir por qué discrepamos en
este asunto. Entonces, *juntos*, los dos pueden encontrar un nuevo
descubrimiento y llegar a un punto de encuentro entre sus mentes.
La intimidad intelectual tiene que ver con un sentimiento de
igualdad común. Escuchemos un comentario que oigo a menudo en las sesiones de consejería prematrimonial que realizo. Ese
comentario es la respuesta a mi pregunta: ¿Se siente cualquiera
de ustedes inferior o superior en lo intelectual al otro?

Con frecuencia obtengo esta respuesta, muchas veces del
hombre: «Pues bien, yo tengo un título universitario, *pero ella es
la lectora*». ¿Qué significa esa afirmación? ¿Es arrogante? No lo
creo. ¿Es amorosa? Creo que es bastante probable. ¿Es reveladora?
ra? Puede apostar a que lo es. ¿Acaso no está dando a entender
esa persona, a sabiendas o no, que él fue lector en el pasado y
que ella es lectora en el presente? ¿Algo de malo en eso?

Uno de los destacados escritores y pensadores de la actualidad sobre el arte de la comunicación es Tony Robbins. Comen-
ta con brillantez que «el significado de su comunicación es la
respuesta que obtenga». En el contexto anterior, la intimidad se
realza si la mujer responde con sinceridad: «Eso no es problema.
Cuando regreso a casa del trabajo, me gusta leer. Cuando él

regresa a casa, le gusta ver televisión. No tengo ningún problema con eso». ¿Creará eso dificultades más adelante? Es probable que no, mientras ninguno de los dos llegue a criticar la conducta del otro.

Si el esposo, por otro lado, habla a la defensiva sobre el hábito de lectura de su esposa, la pareja puede saber que hay una mala comunicación. Significa que, por alguna razón, escucha que le critica por no leer. Si eso ocurre, ella realzará la intimidad de ambos si puede asegurarle su aceptación. Y él hará bien en examinar cuáles son sus razones para sentirse humillado. Esta es la idea clave en esta situación: Cuando la respuesta se vuelve reactiva y defensiva, que el primer comunicador busque el *debería* o *no debería* que quizá escuchara en lo que se dijo.

5. *Intimidad recreativa*

Hace poco le sugerí a una pareja con un matrimonio problemático que necesitaban alegrarse y comenzar a disfrutar el uno del otro. La mirada que había en sus ojos me indicó que no tenían ni la más remota idea de cómo hacer eso. Les pregunté lo que les gustaba hacer juntos en los primeros días de su noviazgo, y lo único que se les ocurrió fue salir a comer juntos. Hice otro intento. «Bueno, de seguro les gustaba conversar». Su respuesta fue: «No, nunca hemos hablado mucho, no al principio, y ahora tampoco». Uno no necesita ser un consejero para saber que su matrimonio ya estaba atrapado.

Los problemas de relación que pueda tener podrían ser pequeños en comparación. Creo que la mayoría de las parejas recuerdan las veces en que disfrutaron de verdad el uno del otro. Es por eso que usted y su ser querido continuaron viéndose día tras día y fin de semana tras fin de semana. Les encantaba estar juntos. Había una sinergia en el hecho de estar juntos que magnificaba los buenos sentimientos en cuanto a estar vivos. A usted le encantaban las veces en que bajaban esquiando juntos las laderas o en que jugaban a las palas en las arenas de la playa. Las películas sobre las que hablaban añadían emoción a su vida, y todos los partidos de béisbol y de fútbol hacían que los perros calientes y los cacahuetes tuvieran un sabor tan bueno. Y también estaban las vacaciones. Se divertían con las familias el uno del otro. Entonces, ¿qué les ocurrió? ¿Dónde están ahora? ¿Por qué ya no se incluyen en su calendario de actividades? Es en este punto donde a menudo oigo las palabras más tristes de todas: «Bueno, solíamos disfrutar de todo eso, pero entonces llegaron los niños...».

Quizá una conversación que tuve con dos personas (a las que llamaré Guillermo y Susana) lo expresará mejor. Susana comenzó diciendo la conocida frase:

—Bueno, solíamos disfrutar de todo eso, pero entonces llegaron los niños. Sucedieron cosas para las que parece que no estábamos preparados. En primer lugar, dejamos de ser una pareja sin preocupaciones, y adoptamos el título de *padres*. Sí, era emocionante, pero me impliqué mucho en esa pequeña vida que se formaba dentro de mí. Hablaba con ella, yo quería una niña, y hacía largas listas de nombres buscando siempre ese nombre que le encajara a la perfección. Entonces sentía su patadita. ¡Vaya! Ponía la mano de Guillermo sobre mi vientre para que él pudiera sentir sus movimientos.

Cuando le pregunté a Guillermo cómo se sentía con respecto a todo eso, dijo:

—Pensaba que era estupendo y...

—Guillermo, le pregunté cómo se SENTÍA al respecto.

—Pues bien, creo que estaba muy feliz.

—Guillermo, dígame cómo se sentía en realidad.

Una larga pausa.

—Bueno, en realidad... Me sentía apartado, como si estuviera en el exterior mirando lo que sucedía dentro. Como si algo estuviera cambiando, y el sentimiento no era bueno.

—¿Qué estaba cambiando, Guillermo?

El amor es siempre algo que uno hace.

Silencio.

—No me gusta decir esto. Al principio ni siquiera me daba cuenta, pero me sentía enojado por algo, muy, pero muy enojado. Me sentía como que las cosas nunca más volverían a ser las mismas, y ahora es cuando comprendo lo que era. Jamás volvería a ocupar el primer lugar en la vida de Susana. Aún sigo teniendo ese sentimiento.

Al oír eso, me pregunté si Susana se volvería beligerante en su comunicación con su esposo, diciendo quizá: «Guillermo, eso no es cierto, y nunca fue cierto. Siempre te he amado, y siempre te vi como el que ocupaba el primer lugar». ¿O recuperaría por el contrario algunas de esas conductas maravillosas y alegres que una vez le mostraron a Guillermo que ocupaba el primer lugar? Creo que usted podrá entender cuál de esas cosas sería mejor.

Tome medidas

La verdad importante aquí es que el amor es siempre algo que uno hace. En lugar del lamento del «solíamos hacerlo», ahora puede responder con «mire cómo vuelvo a hacerlo». Puede ser su manera amorosa de ayudar a poner fin al desorden y la confusión de una vida ocupada y distraída que ha enterrado las cosas divertidas que los dos solían hacer juntos. Ustedes no han sabido valorarse el uno al otro, cambiaron demasiadas prioridades que les resultaban importantes, y permitieron que las preocupaciones del mundo evitaran que disfrutasen de la compañía mutua... *hasta ahora.*

6. *Intimidad sexual*

Para muchas parejas, la intimidad sexual al comienzo de su relación se convierte en el vínculo más intenso de todos. Eso crea el peligro de que la intimidad sexual los ciegue a todo lo demás. La relación sexual puede a la misma vez *unir* una relación y *cegar* a las personas para no ver los muchos ingredientes importantes que faltan.

Hace solo seis meses, unas semanas antes de que se celebrase su boda, una pareja (ambos maestros de escuela) acudió a verme para una sola sesión. Decidí que pasaran, como si fuera por los rayos X, por el «test de intimidad». Les pedí que dieran una puntuación a cada una de las intimidades en su relación. Les dieron la puntuación máxima a todas. Eso hizo que en mi mente surgieran tantas dudas en cuanto a su relación, que les sugerí que realizáramos otra sesión. Estaban demasiado ocupados. Seis meses después seguían demasiado ocupados para verme. Él estaba ocupado consiguiendo un abogado para divorciarse. Ella estaba ocupada intentando comprender todo lo sucedido. Ella al fin decidió acudir a mi oficina, donde con gran emoción, me preguntó lo que salió mal.

—¿Qué cree usted? —le pregunté.

—Bueno, recuerdo con claridad que usted nos dijo que siempre es más fácil entrar en algo que salir de ello. ¿Pero cómo pudimos estar tan ciegos? De todas las intimidades a las que puntuamos al máximo, *no existe ninguna en la actualidad*. Ni siquiera una sola.

Le pregunté cuál de las intimidades habían perdido en primer lugar y en qué orden perdieron el resto. Su respuesta fue muy significativa.

—Solo perdimos dos. La diversión estando juntos murió hace tres meses, y la relación sexual murió hace seis semanas. Creíamos que teníamos las demás, pero no las teníamos en realidad.

Silencio.

—Qué tontos fuimos al creer que la diversión y la relación sexual bastarían para proporcionarnos un buen matrimonio. A decir verdad, lo echamos a perder.

En un escenario diferente, ¿qué le ocurriría a una pareja que tenga en realidad una alta puntuación en cuatro de las seis intimidades? Su tarjeta sería similar a esta:

Emocional: 4
Espiritual: 10
Financiera: 10
Intelectual: 10
Recreativa: 10
Sexual: 4

¿Les preguntaría en cuáles de las puntuaciones más bajas necesitan trabajar? ¿Les preguntaría si les gustaría intentar elevar las puntuaciones en su intimidad emocional y sexual hasta un 6? ¿Qué esperaría que le dijeran? Es probable que oiría decir al hombre: «Me gustaría elevar la puntuación de mi intimidad sexual a un 6». ¿Y la mujer? «Creo que me gustaría cambiar mi puntuación emocional de un 4 a un 6».

¿Qué piensa? ¿Cuál sería su puntuación en estas diversas esferas de intimidad?

¿Quién respondió la pregunta adecuada con la respuesta acertada? ¿La mujer? En efecto. Las personas no pueden disfrutar de una buena relación sexual si son incapaces de comunicarse de manera emocional, lo cual incluye la comunicación con respecto a la relación sexual. ¿Dónde entraría en escena la alta puntuación en la intimidad espiritual? A decir verdad, no lo sé. Algunas veces se les dice a las personas desde sus primeros años que no deberían *pensar* mucho en la relación sexual y de seguro no deberían *hablar* al respecto.

Esta pareja lleva casada cinco años y tienen dos hijos, pero aún no pueden hablar sobre la relación sexual. Quizá sientan que es algo sucio y que no deberían hablar de ello. No obstante, cualquiera que sea la razón, hace a los cónyuges vulnerables a sentirse atraídos hacia otra persona fuera del matrimonio que *sea* capaz de hablar sobre la relación sexual. En ese punto uno aprende con mucha rapidez lo que significa en realidad una alta puntuación en la espiritualidad.

Tome medidas

Ahora que hemos hablado sobre cómo es un buen matrimonio, ¿de qué manera evalúa su relación más importante? Espero que tenga montones de sinceras puntuaciones máximas en su tarjeta de matrimonio. Si la mayoría de sus puntuaciones las forman cinco, cuatro y tres, se siente atrapado. Puede que sienta que es la muerte de un sueño o la peor de sus pesadillas. Sin embargo, un punto de vista contrario podría sugerir que este es el momento de su mayor oportunidad porque ahora es capaz de enfocarse en la intimidad que necesita la mayor ayuda.

Una vez más, con la ayuda de Dios, puede escoger sus propios actos. ¿Será fácil? ¿Difícil? No lo sé. No puedo hablar en su lugar. Lo que sí sé es que requerirá una nueva manera de pensar y de conducta a medida que vuelva a comenzar su viaje de acercamiento mutuo. Es mi oración que encuentre en el libro que ahora está leyendo nueva esperanza para hacer eso. Hasta ahora, puede que fuera pasivo, agresivo o quizá ambas cosas, lo cual proporciona la mayor confusión a su cónyuge. A partir de hoy, al terminar de leer este capítulo, puede optar por pasar de la oscuridad de la confusión a la emoción del amor. ¿Podría ser en verdad este día el primero y más emocionante del resto de su vida matrimonial? En su corazón ya sabe la respuesta. Aun corriendo el riesgo de parecer un anuncio de zapatillas de tenis, le animo: *¡Solo hágalo!*

7

Atrapado en las expectativas de los demás

LO QUE PERMITIMOS, ENSEÑAMOS.

ANÓNIMO

Hace unos dos mil años, Esopo contó esta historia:

Una brillante y soleada mañana, un anciano y su nieto se dirigían al mercado en una gran ciudad en el valle para vender un burro. Al burro lo habían acicalado, cepillado y lavado con sumo cuidado, haciéndole parecer atractivo para cualquier comprador en potencia. Con gusto, ambos emprendieron el camino por el empinado sendero, guiando al burro. La gente con la que se encontraban en el camino comenzó a hacer comentarios sobre el anciano y su nieto. «Miren a ese par de tontos, andando y tropezando por ese sendero cuando podrían ir con comodidad montados en ese burro». Así que los dos se montaron en el burro.

Se encontraron con otro grupo que dijo: «Miren a ese par de perezosos, partiéndole el lomo a ese pobre burro». El anciano, que pesaba más, se bajó del burro y el muchacho continuó sobre él.

Más adelante en el sendero se encontraron con otros que dijeron: «Miren a ese desconsiderado muchacho. Va montado en el burro mientras que el anciano tiene que caminar». Así que el muchacho se bajó y el anciano se montó en el burro.

Otros se quejaron: «Vaya viejo tan malo, que va montado mientras ese pobre muchacho camina».

Para aquel entonces el hombre y el muchacho estaban cada vez más perplejos. Al final, se encontraron con un grupo que los criticó por agotar al burro. Un burro de aspecto cansado sería difícil de vender.

Después de darle descanso al burro, continuaron el viaje. De ese modo, a última hora de la tarde y casi sin aliento, entraron en el mercado. Suspendido de un palo entre ellos, atado por los pies, estaba el burro.

La conclusión parecería ser esta: Si uno intenta agradar a todo el mundo, se perderá a sí mismo.

A casi todos los niños, mientras crecen, se les enseña a intentar cumplir con las expectativas de los demás, en especial de los adultos que le rodean. Con demasiada frecuencia llegamos con ello a la madurez en forma de actitud pasiva que pone en último lugar nuestras necesidades e intenta hacer felices a todos los demás. (Las mujeres en particular, ya sea por naturaleza o educación, son adeptas a ello). Sin embargo, este tipo de pasividad puede dar como resultado que pasemos de una trampa a otra, y que nunca seamos capaces de perseguir nuestras propias metas, o las de Dios, ni buscar nuestro propio contentamiento.

El verdadero significado de ser firme

Para mí, andar por el camino de ser más firme ha sido una de las experiencias más valiosas de mi vida. ¿Qué es ser firme? Considerémoslo en detalle. Hace mucho tiempo un amigo me enseñó a estudiar memorizando esta vieja rima de Rudyard Kipling:

Mantengo a seis sinceros sirvientes,
Ellos me enseñaron todo lo que sé;
Sus nombres son qué y dónde,
Y cuándo y cómo, y por qué y quién.

Mi amigo me explicó que todo lo que tenía que estudiar podía aprenderse utilizando esas seis preguntas. Por lo tanto, vamos a utilizarlas ahora para examinar lo que significa ser firme. *¿Qué* es la firmeza? Es cuando uno mismo se ocupa de sus necesidades personales. No es egoísmo, porque uno no satisface sus necesidades a expensas de otras personas. Cuando no se satisfacen nuestras necesidades debido a que no las revelamos, en esencia levantamos un muro y nos separamos de los demás. Lejos de hacernos personas más sinceras y generosas, la negación de nuestras necesidades solo nos hace más egoístas y codiciosos.

¿Quién es la persona con la que debe ser firme en primer lugar? La respuesta es usted. Usted es la única persona a la que puede cambiar. Intentar cambiar a otros es una conducta agresiva y controladora. No obstante, cambiarse a usted mismo es una conducta adecuada.

¿Cuándo puede cambiar? En este mismo instante, desde luego. *¿Por qué* quiere hacer todo esto? Porque en este momento el enojo, el temor y el amor están en guerra en su interior, y esa guerra solo puede causar dolor. *¿Dónde* aprende la firmeza? Aquí mismo y ahora. *¿Cómo* llega a ser firme? Siga leyendo.

Donde se encuentran el temor y la ira

La firmeza tiene dos contrarios: el temor (o pasividad) y la ira (o agresión). Ser temeroso es ser pasivo, lo cual significa que guarda sus pensamientos y sus sentimientos para sí; juega a estar seguro y bien; nunca permite que la gente sepa lo que siente por temor a poder ofenderla. El problema con este punto de vista es que nunca satisface sus propias necesidades, y muchas veces termina atrapado. La teología y la psicología están de acuerdo en que no tenemos porque no pedimos. El padre John Powell, comunicador y escritor de éxitos de librería, dice: «Cuando construye un muro, no solo debe preguntarse lo que deja fuera del muro, sino también lo que deja dentro».

Al igual que la pasividad construye muros y evita que nos comuniquemos con otros, la agresión hace lo mismo. Perder los nervios y disparar por su boca, sin pensar en los demás, no es una perspectiva aceptable en cuanto a edificar relaciones. En todo caso, hace que se hunda aun más profundo en una existencia sin amor y sin gratitud en la que permanece atrapado. La mejor noticia es que hay una tercera alternativa: firmeza amorosa.

Digamos que la noche pasada usted y su cónyuge conversaron sobre lo estresados que se han estado sintiendo. Usted está cansado y de mal humor, le da una patada al perro, los niños le vuelven loco, está comiendo demasiado y no tiene equilibrio en su vida: todo lo cual al final le obliga a admitir que está atrapado en una espiral sin control de agotamiento emocional. ¡Necesita ayuda y quiere salir de la espiral! Después de considerar con detenimiento las demandas que ambos se han estado haciendo, usted y su cónyuge en oración toman la decisión de aminorar el paso y ajustar sus horarios a fin de sacar más tiempo para ustedes mismos y para su familia.

A la gente le enseñamos
cómo tratarnos cada día.

Muy bien, ahora son las diez de la mañana del día siguiente y suena el teléfono. Su pastor es el que habla, pidiéndole que sirva en otro comité en la iglesia. Está convencido que Dios quiere que usted realice ese trabajo. Es más, *¡Dios le dijo que se lo ofreciera a usted!* Hasta ahora, habría puesto a un lado sus propias prioridades y a regañadientes le habría dicho *sí* a su pastor cuando su corazón quería decir *no*. Entonces, se habría enojado consigo mismo por haber cedido a su petición, y su cónyuge también se habría enojado con usted. Habría sido una situación en la que pierden todos.

En cambio, recuerda la decisión que tomó hace solo unas horas. Por lo tanto, esta vez decide ser firme diciendo: «Pastor, comprendo lo mucho que quiere que yo esté en ese comité, y agradezco que me lo pida. Sin embargo, mi esposa y yo hemos considerado nuestros horarios y nuestras prioridades, y no tengo tiempo». Usted no le dio al pastor una larga lista diciendo que lo siente, con explicaciones innecesarias o excusas apoyadas en versículos bíblicos sobre el porqué decide no participar. Tampoco se preocupó por lo que su pastor pudiera pensar de usted a causa de su decisión. ¡Sencillamente lo dijo! Por una vez, tomar el control de su vida produjo un buen sentimiento.

De repente estuvo actuando desde su propio centro de control dirigido por Dios, y no reaccionando al control de otras personas. No fue pasivo, reaccionando por temor; tampoco fue agresivo, respondiendo con ira. No hirió a su pastor con palabras desagradables y hostiles. Solo hizo lo que era adecuado para usted. Fue *firme*: actuando en amor, protegiendo sus derechos, alcanzando sus metas y sintiéndose bien consigo mismo en el proceso. Se negó a estar atrapado. Felicidades. Está realizando un notable progreso.

Echemos un vistazo al siguiente diagrama para ver cómo funciona todo este proceso. Hay tres maneras de responder a las necesidades propias: como una persona pasiva, firme o agresiva. Estas maneras se relacionan con las emociones primarias del temor, el amor y la ira. ¿Quiere esos resultados en su vida? ¿Son trampas en las que está cayendo? ¿Se ha liberado por amor, o sigue atrapado mediante el temor y la ira?

Comparación entre el temor, el amor y la ira

Temor	Amor	Ira
Pasivo	Firme	Agresiva
Se somete	Se relaciona	Controladora
No tiene derechos	Protege sus derechos	Pasa por alto los derechos de otros
No alcanza metas	Logra metas, pero no a expensas de otros	Logra metas a expensas de otros
Explota, se siente frustrado	Tiene alta autoestima	Usa la ira para salirse con la suya

ACTUACIÓN

REACCIÓN

Cuando se relaciona consigo mismo o con otra persona por temor o por ira, no se relaciona en lo absoluto. El temor mantiene ocultos sus sentimientos; la ira hace explotar sus sentimientos. Está reaccionando. No tiene una relación; tiene una *reacción*. Ha abdicado su control. Le ha dado su poder a otra persona que ahora tiene el permiso de seguir pulsando los botones de su vida. El viejo adagio es cierto: Enseñamos a la gente cómo tratarnos cada día. También enseñamos a nuestros hijos cómo les tratan los demás. Esto se basa en la asombrosa verdad de que enseñamos lo que permitimos. ¿Se sorprenderá un día al oír decir a su hijo: «Me siento atrapado»? Cuando cedemos nuestro poder y control, les damos a otros el permiso de tratarnos de la manera que quieran.

Recuerdo a un muchacho (al que llamaré Juanito) sentado en mi oficina, con actitud desafiante en su silla, sus brazos cruzados con fuerza sobre su pecho y sus puños cerrados como si manejara una «avioneta» en Disneylandia. Ofuscado, mira a sus padres con el ceño fruncido. Sus heladas miradas son armas de agresión; pero todo él es visual. No tiene la capacidad de comunicar sus pensamientos de manera no amenazante.

—Juanito —le digo al muchacho—, ¿sientes que porque tienes la libertad de vivir a costa de tus padres, sin asumir ninguna responsabilidad ni tener ninguna disciplina en tu vida, quizá su amor por ti se haya convertido en una maldición? ¿Es posible que no sepas cómo dirigir tu vida *porque ellos la han dirigido por ti durante veintitrés años*?

¡Bingo! Todo se le ilumina, se estira, se levanta y habla.

—¡Vaya! Nunca lo supe, pero eso es lo que siento. Por eso estoy tan enojado.

Entonces hace una afirmación muy interesante, y dice:

—Me gustaría que me hubieran echado de casa cuando tenía veintiún años y me hubieran dicho que me buscase un empleo.

En la terapia, eso no sucede con tanta rapidez, pero en tales momentos ese joven comenzó el proceso de sanarse a sí mismo. Y sus padres comenzaron a enfrentar el hecho de que solo podían asumir su propia responsabilidad, y no la de su hijo.

Por lo tanto, para ellos y para nosotros, si conocemos y practicamos la firmeza amorosa, ¿seguiremos atrapados en:

1. los pensamientos confusos?

2. un persistente pasado?

3. un temor autodestructivo?

4. furiosa ira?

5. sexualidad compulsiva?

6. un matrimonio sin intimidad?

7. las expectativas de los demás?

No lo creo. Ya no estaríamos atrapados en esas pegajosas esferas. Incluso si lo estábamos *hasta ahora*.

Tome medidas

Le aliento a que ponga a trabajar la firmeza para usted de inmediato. Comience con las pequeñas demandas diarias que tiene encima, y avance hacia esferas más importantes en las que las personas y las situaciones le han mantenido atrapado en un confuso laberinto de actividad sin propósito o en las que no les ha hablado con sinceridad a otros de sus sentimientos y necesidades.

¿Someter o deferir?

Antes de pasar al último capítulo, creo que debiéramos abordar uno de los problemas más profundos que siguen encontrando las parejas cristianas. Está relacionado con la firmeza y con cumplir las expectativas de otros. Es estar atrapado en la mala comprensión de lo que nos enseña la Palabra de Dios en Efesios 5. En esta epístola paulina parece que Dios manda a las esposas que se sometan a sus esposos y los obedezcan. (O, en otras interpretaciones, que tanto esposos como esposas deben someterse el uno al otro). Esta es una desafortunada elección de palabras. Es curioso, pero los eruditos podrían de igual modo haber sacado del texto con toda exactitud la palabra *deferir*. Esto termina con el problema con toda rapidez, porque con ella, a diferencia de lo que sucede con la palabra *obedecer*, tenemos un mutuo y afectuoso sentimiento de amor, compasión y comprensión, todo sin dañar la intención original de la Palabra de Dios.

Deferir, según el Diccionario de la Real Academia, significa «adherirse al dictamen de alguien, por respeto, modestia o cortesía». No hay nada rudo en cuanto a ser deferente con otra persona. La deferencia es amable y amorosa, y busca lo mejor en el otro. Mi esposa Evelyn y yo bromeamos sobre que pasamos la mayor parte de nuestras vidas «superando la deferencia» el uno del otro. Es un gran problema, y que desearía para usted y para los suyos. En *The Message*, la versión de Eugene Peterson del Nuevo Testamento en lenguaje contemporáneo, este pasaje se traduce como «considerar con gran respeto o devoción». Ahora hablamos con sinceridad sin las trampas. ¿Cómo pueden existir trampas cuando uno hace intentos de superar al otro con deferencia? Según la Biblia, esta es la suprema relación entre un hombre y una mujer.

8

Atrapado en una existencia sin amor

... HASTA AHORA

LA BELLEZA DEL MUNDO TIENE DOS FILOS:
UNO DE RISA Y UNO DE ANGUSTIA,
QUE PARTEN EL CORAZÓN EN PEDAZOS.

VIRGINIA WOOLF

Su romance era como algo sacado de una historia de amor escrita con toda belleza. Estaba lleno del amor y la cercanía de un cortejo de un año de duración. Por primera vez, Julia estaba enamorada de verdad. Solo pensar en su amado le hacía temblar. Ambos no podían soportar estar separados. Sus corazones latían al unísono. Se hicieron promesas y se cumplieron; se ofreció y se dio compasión. Los desafíos del pasado, las amistades rotas y la crónica desesperación de otra vida se vieron eclipsados por un nuevo amor, un amor que *siempre* estaría ahí. Un mundo que fue incierto, e incluso hostil, de repente se volvió afectuoso, amigable, en sintonía con el espíritu de Julia.

Entonces, de modo también repentino, hubo el chirrido de neumáticos calientes, los gritos de cuerpos aplastados y atrapados entre los retorcidos hierros, seguidos por una llamada telefónica de las autoridades. En un instante, el mundo de Julia quedó destrozado. Todo lo que creía con respecto a su felicidad se volvió frío y gris cuando comprendió la realidad: su mejor amigo se fue para siempre de sus brazos terrenales. Estaba atrapada entre un amoroso sueño que murió y una escondida pesadilla que ahora invadía su mente. Cuando me contó su historia en mi oficina un año después, me habló de no querer vivir. Aunque me que el suicidio estaba fuera de la cuestión, más tarde confirmó que había momentos en que parecía ser una aterradora opción. Se marchó de mi oficina. Unas horas después, mientras estaba a punto de cerrar el centro, me llamó y me dijo que un pequeño cartel en una de las paredes de nuestro elevador se había apoderado de su corazón. Solo decía: *La primavera siempre sigue al invierno.* Esa frase dio lugar a que Julia comenzara a reflexionar sobre los primeros días de su vida, cuando la nieve se apilaba muy alta y la temperatura descendía muchísimo cada invierno. Sin embargo, recordaba, cada año sin fallar la nieve y el hielo se derretían, el cálido sol comenzaba a brillar, regresaban la verde hierba y las fragantes flores, y los pájaros volvían a reaparecer, irrumpiendo con sus canciones. Era cierto. La primavera *sí* seguía al invierno en realidad. Se recordó que no había necesidad de permanecer atrapada en la ventisca de los problemas pasados: fría, aislada, helada en la ira y la desesperación. Lo único que necesitó fue un simple cartel en nuestro ascensor para proporcionarle a Julia la amable sugerencia de que las cosas podían cambiar para ella. Y así sucedió, de maneras bastante notables, a lo largo del año siguiente. Fue capaz de ser libre.

Sus palabras importan

Quizá esté diciendo: «Muy bueno para ella, pero yo vivo en un invierno perpetuo. A nadie le importo, ni a nadie le preocupa si estoy vivo o muerto». Tal vez viva en un invierno perpetuo, y es posible que usted no le preocupe a alguien. ¿Pero quién está pensando esa situación para que exista? ¿Quién está diciendo, o al menos dando a entender: «Supongo que así son las cosas, y es probable que siempre sean así»? ¿Podría ser la persona que está leyendo este libro? Siendo ese el caso, quiero que acepte el riesgo de decir: «Hasta ahora, las cosas fueron de ese modo. Sin embargo, ahora tengo la elección, y con un espíritu renovado haré que hoy sea el primer capítulo de mi nueva vida, llena de libertad y satisfacción». ¿Cómo puede decir eso? Porque ahora sabe que:

La libertad sigue a estar atrapado,
cuando escoge el amor creativo.
Porque la frustración, el temor y la ira
son las únicas cosas que tiene que perder.

Por eso las palabras que utilice son de tanta importancia vital. Le dicen al mundo quién es usted, lo que piensa, si se considera un ganador o un perdedor, si asciende o cae, si es un vencedor o una víctima. Las palabras que utilice le acercarán a otras personas o le apartarán aun más de ellas. Con todo eso en mente, analicemos ocho palabras que, ya sea que se dé cuenta o no, moldean su vida en realidad:

Hice es una palabra de logro.
No haré son palabras de retirada.
Podría es una palabra de engaño.
No puedo son palabras de derrota.
Debiera es una palabra de obligación.
Intento es una palabra de cada hora.
Haré es una palabra de belleza.
Puedo es una palabra de poder.

Capacitado por el optimismo

¿Qué palabras salen de su boca día tras día? ¿Llena su vida de expresiones que demuestran poder y belleza? ¿O su mundo se ha quedado en los esfuerzos del pasado, la impotente retirada, el ingrato engaño, la aburrida obligación y los nobles intentos de acción que nunca parece *hacer* nada importante?

Tome medidas

Quiero que esta semana realice un inventario de palabras a través de un diario en el que escriba el modo en que se expresa en su hogar, en su trabajo, en la iglesia o en su tiempo de ocio. Preste atención a lo que dice y a la emoción con que lo dice. Pregúntese: *¿Qué puedo aprender de mi conversación, de mi actitud y de la manera en que me comunico con otros?* El único y verdadero dolor en su vida proviene de optar por no aprender nada de sus actos. El dolor de lo sucedido antes debe empujarle a buscar un nuevo camino. Su pasado ya no tiene por qué ser un obstáculo para atraparlo; ahora puede ser una oportunidad para crecer. Eso sucede cuando decide «desaprender» su impotencia e ir tras su esperanza en Dios. En lugar de sentirse abandonado por Dios y los demás, tal como se ha sentido en el pasado, ahora tiene la confianza de creer que tiene un lugar de importancia en el mundo de su Padre. Al igual que en la vieja historia del hijo pródigo, nosotros los adictos modernos al placer que nos encanta dirigir nuestro propio espectáculo, podemos gritar con gozo que hay una salida si regresamos a la casa de nuestro Padre.

La capacitación del optimismo en el «aquí y ahora» evita que le abrume el pesimismo del «allí y entonces».

Es más, puede salir de su trampa, cualquiera que sea esta. Quizá hasta se sienta como Nellie Forbush en el musical *South Pacific* cuando canta de ser una «disparatada optimista» y de estar «aferrada como una tonta con una cosa llamada esperanza». ¡Es algo estupendo en lo cual estar aferrado! Esperanza. Esperanza para hoy y esperanza para un futuro mejor. Con este creciente optimismo, ahora puede comenzar a apreciarse como nunca antes lo ha hecho. La estupenda palabra *apreciación* significa «aumentar de valor». Hasta ahora, no había pensado en tal alta autoestima, pero con la ayuda de Dios ha decidido llegar a ser la persona que Él quiso que fuera. Ya no se destruye a sí mismo; ahora corre el riesgo de edificarse.

Está aprendiendo a vivir de manera positiva este día con las negativas voces silenciadas del ayer. Por lo tanto, ¿qué voces oirá en su cabeza al amanecer de cada nuevo día? ¿Cuáles son sus primeros sentimientos cuando se despierta después de dormir en la noche?

Tome medidas

O bien decide hacer que sus primeros pensamientos del día sean positivos, o bien opta por comenzar pensando de forma negativa. Enseguida, al leer esto, quizá me diga: «Pero no soy una persona mañanera. Siempre me despierto sintiéndome fatal». Entonces, ¿esa es la manera en que ha sido siempre y que será siempre? Suponga que le entregara mil dólares por cada mañana que comenzara con diez minutos de pensamientos positivos. En el transcurso de un año tendría trescientos sesenta y cinco mil dólares, y podría obtener toda la felicidad que el dinero pueda comprar. Sin embargo, en realidad no necesitaría hacerlo porque ya tiene felicidad como resultado de su nuevo hábito. ¡Felicidades, *persona mañanera*! ¿No es divertido despertarse sintiéndose bien?

Por supuesto, no quiere llegar a ser esta nueva, llena de vida y positiva persona, pues quizá siga temiendo de no tener a nadie a su lado que le ayude a edificarse. Así que aprendamos cómo puede traer a su vida a algunas personas que aprecian («que aumentan en valor»). Puede hacerlo con la clara determinación de convertirse en la causa de su mundo y dejar de ser una víctima en el mundo de otra persona. Ahora puede decir: «Voy a cambiar el temor que construye un muro por la fe que construye un puente y, con la ayuda de Dios, ahora asumo la responsabilidad por mi vida con amor y tomo control de ella».

Hasta ahora, la palabra *amor* no ha encajado en el contexto de su vida. Ahora lo hará, porque el amor busca el modo de ser constructivo. Piense por un instante en el mayor amor de su vida. ¿Recuerda cómo se sentía valorado y cuidado? A las palabras amorosas les seguían actos amorosos. Los psicólogos y los teólogos están de acuerdo en que la mayor necesidad del corazón humano es sentirse importante para alguien. Cuando el amor le edifica, su respuesta es: «Te amo no solo por lo que eres, sino por lo que haces de mí». Piense en alguien que le mire fijo a los ojos y le diga las palabras que acaba de leer. ¿Cómo se siente? ¿Qué me dice? ¿Que eso nunca le ha sucedido? Lo comprendo, pero también comprendo cómo puede hacer que suceda. Creo que puedo darle la perspectiva que necesita en este momento para ayudarle a desarrollar relaciones en las que hasta estaba fuera ahora.

Si decide creer y poner en práctica las siguientes ideas en su vida, nunca volverá a ser el mismo: *Cualquier acto amoroso que pueda soñar, logra experimentarlo si lo hace por otra persona.* A partir de este momento pensará de manera profunda en las implicaciones de la Regla de Oro. La ha escuchado toda su vida, pero hasta ahora no ha hecho gran cosa al respecto: Haga a los demás lo que le gustaría que ellos le hicieran a usted. ¿Qué le gustaría de una persona especial que haya en su vida? Puede ser un hombre o una mujer. Digamos que es un hombre. Le gustaría que le comprendieran y apreciaran, en ese orden. Eso significa que alguien se interesará por usted de manera tan profunda que querrá lanzarle una pregunta tras otra a fin de entender quién es usted de verdad, quizá hasta llegue a amarle. Esa persona procurará comprenderle antes de buscar que usted la comprenda a ella. ¿Seguirá la apreciación de modo inmediato? Tal vez no. Ahora le da a la persona todo lo que ella le dio a usted, ¿no es cierto? No obstante, ¿qué pasará si esa persona no toma la iniciativa? ¿Y si no hace pregunta alguna? Entonces *usted* debe tomar la iniciativa: algo que nunca ha hecho, *hasta ahora*. Toma la iniciativa porque comprende la verdad de que si el sueño va a cumplirse, comenzará con usted.

Si quiere salir de la trampa de las relaciones sin amor, de la desesperanza y de la desesperación, debe comenzar acercándose a otros como nunca antes lo ha hecho.

> Si el sueño se va a cumplir,
> comenzará con usted.

Solo le apreciarán después que haya apreciado. Es *la regla de oro del amor.*

Sin embargo, para dar amor, primero debe tenerlo usted mismo. Si va a estar ahí, debe comenzar con Él. Él, en este contexto preciso en lo teológico pero incorrecto en lo gramatical, significa Dios. Nosotros le amamos a Él porque Él nos amó primero a nosotros. Esto es más que una cuestión de palabras. Es la parte central de la historia, en la que sucedió algo extraordinario. Fue el primer hecho histórico de una fiesta de Navidad que *da*. Pues de tal manera amó Dios al mundo que dio su regalo de amor al mundo personal de usted. Una vez recibido el amor de Él, ahora puede experimentar vivir como una persona amada.

Cuando Dios es la figura central de su vida, recibe el don del poder y la perspectiva de Dios para amar de manera creativa. Solo Dios es el Creador. Con todo, como creador (con una *c* minúscula), usted crea el ambiente que le rodea. Su manera de pensar, traducida en actos con emoción, *causa* o *hace estallar* los sentimientos de otros. Sus pensamientos crean verdad en las mentes de los que le escuchan. Usted tiene el poder de crear verdad porque cuenta con el amoroso Creador de la verdad.

Su amor, su interés por los demás, llega a las personas con mensajes transformadores. Provoca en otros la respuesta que procura crear de un modo activo. Por lo tanto, ¿qué es lo que más quiere establecer en una relación? La palabra que debiera estar buscando es *rapport*. Esta palabra francesa significa «un entendimiento armonioso y mutuo». Es la imagen de dos personas que juntas hacen hermosa música, tocando sus instrumentos con sus capacidades bien desarrolladas. De manera que lo más importante es: *¡ellos tocan la misma canción al mismo tiempo!* Son artistas creativos. Quizá por eso *El arte de amar* de Erich Fromm sea un clásico. El amor, al igual que la música, es un arte y no un accidente.

El excelente arte de escuchar

Tome medidas

¿Cuál es la mejor manera en que puede comenzar a acercarse a otros para demostrarles amor? Quizá le sea difícil mantener una conversación con personas que no conoce bien o con miembros del sexo opuesto. Le parece que podría decir algo indebido, o que podría no tener nada que decir en absoluto, ¡lo cual sería aun más aterrador! Cuando habla con alguien por teléfono, ¿es *usted* el que más habla, lo cual teme, o es el que más escucha, lo cual puede manejar con facilidad? Si usted es el que hace la mayoría de las preguntas y el que más escucha, está entrando en la longitud de onda de los sentimientos y las opiniones de la otra persona. Está conociendo a esa persona y disfrutando de ella. Por lo tanto, cuando la conversación comience a agotarse y usted comience a sentirse un poco asustado, solo diga algo que sienta, como: «Vaya, me encanta hablar contigo». Luego se despide y cuelga. ¿Cómo se siente? ¿Acaso no era el que con temor se dijo que no podía mantener una conversación interesante? ¿Hasta ahora? Bien, ¡felicidades! Estuvo a la altura de la ocasión y fue un excelente comunicador. Existe una gran posibilidad de que su amigo nunca hubiera oído a nadie decirle que era *divertido hablar con él*. Quizá usted tampoco haya oído esas palabras. Hasta ahora.

John Powell, en *The Secret of Staying in Love*, lo expresa de este modo:

Quiero que sepas que yo sé lo que necesitas, aun cuando no pueda dártelo. Mis propias limitaciones y debilidades dificultarán mi eficiencia, pero sé que la mayor contribución que puedo realizar a tu vida será ayudarte a amarte a ti mismo. A pensar mejor y con más ternura de ti mismo. A aceptar tus limitaciones teniendo más paz ante la perspectiva de toda tu persona. Darte todo lo que necesitas requeriría una integridad en mí que no tengo. No siempre puedo estar ahí cuando me necesitas, pero esto es lo que puedo prometerte: lo intentaré. Siempre intentaré reflejar ante ti tu valor y dignidad únicos e irrepetibles. Intentaré ser un espejo de tu belleza y tu bondad. Intentaré leer tu corazón y no tus labios. Siempre intentaré comprenderte en lugar de juzgarte. Nunca demandaré que cumplas con mis expectativas como precio de admisión a mi corazón [...] así que no me preguntes por qué te amo. Tal pregunta solo podría provocar la respuesta del amor condicional. No te amo por tu aspecto en particular, ni porque hagas ciertas cosas, ni porque practiques ciertos valores. Solo pregúntame esto. ¿Me amas? Y puedo responder sí, claro que sí.

Cuando expresamos amor creativo, queda claro que el amor debe ser algo más que una expresión sentimental de nuestros sentimientos. Amar es un *verbo transitivo*, lo cual significa que el acto de amar es un arte que tiene un objeto. El amor debe dirigirse a alguien o a algo. Al dirigir su amor a otros, cambia su mundo. Alguien dijo que la mejor manera de predecir su futuro es: ¡que lo cree usted mismo! Exploremos una vez más cómo puede salir de la trampa de los viejos e inútiles modelos y comenzar a crear nuevas conductas en sus relaciones.

Dos mujeres de unos veinte años de edad se mudaron desde el medio oeste y formaron parte de un grupo de solteros en nuestra iglesia en California. Seis meses después de su llegada, vinieron juntas a verme para recibir consejería. Ambas parecían brillantes por igual, y sin ninguna duda eran atractivas porque tenían personalidades maravillosas y atrayentes.

—¿Qué les parece el grupo de solteros de nuestra iglesia? —les pregunté.

—Es bueno —dijo una de ellas—, pero tengo un problema. La mayoría de los hombres que hay no lo tienen. Nueve de cada diez hombres son perdedores.

Ahora bien, piense por un instante en su comentario. ¿Qué expresa acerca de que fuera pasiva o dinámica?

—Sí, ¡es estupendo! —dijo la otra joven.

Estaba un poco confundido, y le pregunté:

—¿Qué quieres decir con que es estupendo?

La mujer que dijo eso respondió con una sonrisa que llenaba toda su cara.

—En realidad, es muy sencillo. Si nueve de cada diez de los hombres son perdedores, *uno de cada diez es un ganador*, y yo solo busco a uno.

¡Vaya! Esa es una actitud estupenda. Es un poderoso ejemplo de lo que significa ser firme. No había trampas para esa mujer. Sabía lo que quería, y perseguía su sueño sin temor ni ira. Se centraba en su meta y planeaba lograrla con una actitud sana, junto con grandes dosis de buen humor. En el transcurso de un año casé a una de esas dos mujeres con un médico de medicina interna que trabajaba en un hospital cercano. La esposa del joven médico le había abandonado para irse con otro médico, y durante el período de enorme dolor que pasó, ese médico con las emociones destrozadas, acudió a mí para hablar de su corazón partido. Le dije que se uniera a nuestro grupo de solteros, donde conoció a una de las dos mujeres que me pidieron consejo. ¿Con cuál de las dos cree que se casó? Ya lo sabe: con la joven que tenía en su mente una clara y despejada visión de su meta. La otra mujer sigue atrapada, sigue viendo perdedores en su mente y, en lugar de actuar, continúa reaccionando ante su futuro.

En busca de algo más

A lo largo de este libro hemos considerado algunas nuevas perspectivas, algo más, algo mejor, a fin de ayudarle a que vea su mundo de modo diferente, a que vea maneras creativas de salir de las trampas de la vida que le mantienen atado. Veamos ese «algo más» que tiene el explosivo potencial de hacer que el resto de su vida sea lo mejor de su vida. Hasta ahora ha estado perplejo, incómodo, atrapado, intentando desentrañar el misterio de su propia existencia. Ahora, sin embargo, tiene un renovado sentimiento de control basado en *el amor de Dios por usted*.

Libre

Tome medidas

La pregunta es: ¿Cómo resultará esto en sus relaciones actuales y en las nuevas que desarrolle en los emocionantes días futuros?

En primer lugar, ya no existen los viejos problemas de control. No tiene por qué seguir siendo el jefe, ni tampoco volverá a estar atrapado en repeticiones de las viejas emociones temporales del *vínculo físico instantáneo* sin el *vínculo amoroso* de corazón a corazón.

Qué buen sentimiento produce saber que con su nuevo conocimiento hay algo más que la trampa de la lucha por el control. La lucha por el poder es algo del pasado. En el acaloramiento de una discusión, ya no volverán a decirle con arrogancia: «Terminó la conversación», ¡como si acabaran de despedirlo de una audiencia con el jefe de su empresa! Al fin, conoce la *diferencia* y la *distancia* entre *el amor por el poder* y el *poder del amor*. Se liberó, y ahora decide ganar amor en lugar de ganar o perder discusiones.

El amor tiene la capacidad
de transformar algo menos en algo más.

Ahora comprende que el amor tiene la capacidad de transformar algo *menos* en algo *más*. A medida que le posee este amor y aceptación de los que le rodean, su amor se vuelve contagioso. De repente, la frase: «De verdad me importas» lo dice todo. Sin embargo, el que escucha quizá pregunte: «¿Lo bastante para ser paciente conmigo?». ¿Qué me dice? Como alguien que ama, sin duda debe ser paciente con los demás al igual que con usted mismo. Es posible que no fuera paciente, hasta ahora, pero ahora ya no lucha por el poder, así que la paciencia se vuelve tan natural como la respiración. Aquí no estamos defendiendo la *codependencia*: ocuparse de alguien que se niega a ocuparse de sí mismo. Hay una diferencia del tamaño del Gran Cañón entre vivir con paciencia para asumir la responsabilidad por *otro* y amar con paciencia cuando usted tiene la responsabilidad *ante* otro. Eso ya no es una trampa porque tiene la libertad para honrar a otros y ayudarlos a que lleguen a ser las personas que Dios diseñó que fuesen. Cuando es libre, y quiero decir libre *de verdad*, al fin comienza la vida real... al igual que sucedió para este padre.

Una maestra en Nueva York decidió honrar a cada uno de sus alumnos más antiguos en el instituto diciéndoles lo importantes que fueron cada uno de ellos. Utilizando un proceso desarrollado por Helice Bridges, de Del Mar, California, llamó a cada alumno al frente de la clase, uno a uno. Primero les decía de qué modo fueron determinantes para ella y para la clase. Luego les entregaba a cada uno una cinta azul que tenía impresas con letras doradas las palabras: «Me distingo por lo que soy».

Más tarde la maestra decidió realizar un proyecto de clase para ver qué tipo de impacto causaría el reconocimiento en una comunidad. Le dio a cada uno de los alumnos otras tres cintas con las instrucciones de salir y extender esa ceremonia de reconocimiento. Después ellos debían comprobar los resultados, ver quién había honrado a quién, y dar un informe a la clase una semana después.

Uno de los muchachos de la clase fue a un joven ejecutivo de una empresa cercana y lo honró por haberle ayudado con la planificación de su carrera. Le entregó una cinta azul y se la puso en su camisa, luego le dio otras dos cintas extra y le dijo: «Estamos realizando un proyecto de clase sobre el reconocimiento, y nos gustaría que encontrara a alguien al cual honrar, y que le entregara una cinta azul y también la cinta que sobra de modo que esa persona pueda reconocer a una tercera persona y así hacer que continúe esta ceremonia de reconocimiento. Después, por favor, cuénteme lo sucedido».

Ese mismo día el ejecutivo fue a ver a su jefe, que se destacaba, por cierto, como un tipo un poco gruñón. Hizo que su jefe se sentara y le dijo que lo admiraba mucho por ser un genio de la creatividad. El jefe pareció muy sorprendido. El ejecutivo le preguntó si aceptaría el regalo de la cinta azul y le daría permiso para ponérsela. El sorprendido jefe dijo: «Bueno, claro».

El ejecutivo tomó la cinta y la puso en la chaqueta de su jefe, por encima de su corazón. Cuando le dio la cinta extra, le dijo: «¿Me haría un favor? ¿Querría tomar esta cinta extra y entregarla a otra persona honrándola? El muchacho que me dio las cintas está realizando un proyecto en la escuela, y queremos seguir con esta ceremonia de reconocimiento y descubrir de qué modo influye en la gente».

Esa noche, cuando el jefe regresó a su casa, hizo sentar a su hijo de catorce años y le dijo: «Hoy me sucedió algo muy increíble. Estaba en mi oficina y uno de los jóvenes ejecutivos vino y me dijo que me admiraba, y me entregó una cinta azul por ser un genio de la creatividad. Imagínatelo. Piensa que soy un genio de la creatividad. Luego me puso en mi chaqueta esta cinta azul que dice: «Me distingo por lo que soy», por encima de mi corazón. Me dio una cinta extra y me pidió que buscase a alguien para honrar. Cuando conducía de regreso a casa esta noche, comencé a pensar en qué persona honraría con esta cinta y pensé en ti. Quiero honrarte.

»Mis días son agitados en verdad, y cuando llego a casa no te presto mucha atención. A veces te grito por no sacar notas lo bastante altas en la escuela y porque tu cuarto está hecho un desastre, pero esta noche, de algún modo, solo quería que estuvieras aquí sentado y, bueno, solo decirte que eres importante para mí. Además de tu mamá, tú eres la persona más importante de mi vida. ¡Eres un gran muchacho y te quiero!»

El perplejo muchacho comenzó a sollozar y sollozar, y no podía dejar de llorar. Todo su cuerpo se estremecía. Miró a su papá y dijo entre lágrimas: «Planeaba suicidarme mañana, papá, porque no creía que tú me quisieras. Ahora ya no tengo que hacerlo».

Al llegar al último capítulo de este libro, está saliendo el sol en su vida. Se disipan los sentimientos atrapados. Comienza a llegarle una nueva libertad.

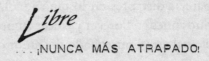

Libre

. . . ¡NUNCA MÁS ATRAPADO!

> DEBES HACER LAS COSAS
> QUE CREES QUE NO PUEDES HACER.
>
> ELEANOR ROOSEVELT

¿Cómo se libera cuando se siente atrapado? ¿Qué hace para decir adiós al dolor del ayer? ¿Cómo sigue aprendiendo de los desafíos del pasado? ¿Cómo utiliza su anterior atadura como un trampolín hacia una vida de renovada confianza y luego avanza con una mayor comprensión de usted mismo y de los demás? ¿Cómo hace la promesa a Dios y a usted mismo de que ahora cree en su corazón que la verdad le ha hecho libre? Esas son algunas de las preguntas que hemos hecho a lo largo de estas páginas. ¿Cuáles fueron sus respuestas, por muy tentativas que fueran? ¿Fue capaz de abordar los asuntos difíciles en su vida de los que una vez dijo: «No puedo» o incluso «No podré» y ahora añadir la frase *hasta ahora*? Espero que eso sea lo que decidiera.

Una gran parte de este libro se escribió en mi oficina en la iglesia Crystal Cathedral. En mi pared estaba la declaración de misión de nuestro centro de consejería, que dice:

> Este ministerio es un centro para el descubrimiento y el crecimiento espiritual, donde las actitudes positivas se producen como resultado de la sanidad de heridas emocionales y psicológicas, donde se restauran las familias

fragmentadas, donde se construyen puentes entres las parejas distantes en lo emocional, y donde los individuos pueden florecer y crecer en nuestro «invernadero», el cual está impregnado del amor de Jesucristo.

Ya que no podemos encontrarnos cara a cara, lo mejor que puedo hacer a continuación es intentar llevar a su hogar el espíritu de este ministerio a través de este libro.

Si va a producirse, depende de mí es un eslogan que he oído toda mi vida, pero mientras más lo escucho y lo veo puesto en práctica, más me convenzo de que es cierto. Estas palabras, escritas sobre la lápida de un obispo anglicano en las criptàs de la abadía de Westminster, en Londres, dan crédito a ese eslogan.

Cuando era joven y libre y mi imaginación no tenía límites, soñaba con cambiar el mundo. A medida que fui envejeciendo y haciéndome más sabio, descubrí que el mundo no cambiaría, así que de alguna manera estreché mi perspectiva y decidí cambiar solo a mi propio país. Sin embargo, también eso parecía inconmovible.

Mientras me adentraba en mis años de crepúsculo, en un último intento desesperado, me conformé con cambiar solo a mi familia, a los más cercanos a mí, ¡pero ay de mí!, ellos no quisieron nada de eso.

Y ahora, al yacer en mi lecho de muerte, de repente lo comprendo: *Si primero me hubiera cambiado a mí mismo,* mediante el ejemplo habría cambiado a mi familia.

Debido a su inspiración y aliento, habría sido capaz de mejorar a mi país y, quién sabe, quizá hasta hubiera cambiado el mundo.

Muy a menudo obligamos a que los hechos de la vida encajen en nuestras ideas preconcebidas, y cuando no es así, parece más fácil pasarlos por alto que cambiar nuestro punto de vista. Hasta ahora, una de esas percepciones para usted quizá fuera, como la del buen obispo, planear el cambio del mundo. Es lamentable, pero el crecimiento personal no resulta de ese modo. Para liberarse de las muchas trampas de las que hablamos en los capítulos 1 al 8, la conversación debe comenzar por usted mismo. La madre Teresa nos recordó en su profunda simplicidad que «para mantener ardiendo la lámpara tenemos que poner aceite en ella». Solo cuando sea libre para llegar a ser esa persona que creó Dios, será capaz de proporcionar la luz del gozo y la felicidad a las personas que ama.

Solo cuando se siente y se relaje ante el conocimiento de que «Dios dispone todas las cosas para el bien de quienes lo aman» estará lo bastante cómodo para aceptar todas las cosas que vengan a su camino. Desde luego, algunas veces ese «para el bien» es difícil de ver. Algunas veces, como yo, quiere decir: «Eh, yo amaba a Dios, pero de ninguna manera puedo ver lo bueno en esto, aunque pueda ver a mi Dios».

Este es el modo en que mi hija de veinte años expresó sus pensamientos cuando se sentía atrapada en la tristeza por la pérdida de su mamá:

Señor...

Tienes a alguien muy especial para mí
allí, al lado de tu trono.
Ella es la bella
con ojos tiernos y palabras amables
y amorosas.

Un aura especial de dignidad y gracia,
que todos nosotros admirábamos aquí en la tierra,
sin duda alguna la hará destacar entre
los otros santos.

Tú sabes quién es, Señor.
La santa que rodeó las puertas de perlas y
fue directo al salón del coro...

Hallo consuelo en la plenitud de tu amoroso
control de nuestras vidas. Con todo, ni tu infinita paz
puede quitar las punzadas de tristeza y dolor
que golpean mi corazón,
ni el vacío que siento sin aquella
que me dio vida.

Aun así, en tu diseño de las cosas,
te doy gracias por crear también el tiempo
con su capacidad de aliviar con ternura y amor la carga
de tristeza que sentimos.

Ayúdame a ver, Señor, como otra persona dijo:
«Más allá de este mundo,
más allá de mí mismo,
que pueda confiar en ti,
en tu plan soberano
aunque no lo pueda ver».

Tú sigues estando en el trono.
Todo va de acuerdo al plan...
La vida continúa,
no de algún modo, sino TRIUNFALMENTE.

Con amor, Carol

Acerca del autor

El doctor Frank Freed fue director ejecutivo del centro de consejería de Crystal Cathedral, sirviendo en ese puesto durante muchos años. Es graduado de la universidad Wheaton, y tiene títulos de la universidad Stanford, el Seminario Teológico Fuller y la Escuela de Psicología Fuller. Es psicólogo clínico licenciado por la Junta Médica de California desde 1976. El doctor Freed también es ministro ordenado en la Iglesia Bautista conservadora y ha servido como pastor por dieciséis años.